はじめに

あなたはつらい恋愛に悩んで、占いに頼っていませんか？　電話占いに何度もかけて、お金ばかりをつぎ込んではいませんか？　そんなことをしていて、あなたの恋愛は成就しましたか？　おそらく成就してはいないでしょう。

悩んでいるときに、占いなんかするのはおやめなさい。占いだけで恋愛は成就しないのです。長年、占い師をしてきた私が言うのですから間違いありません。

それより、電話にしがみついて、ただ救いを求めているような暗い生活をしていては、幸せだってそっぽを向いてしまいます。そんなお金があるのなら、自分磨きに使うことです。幸せは輝いているあなたのところに訪れるのですから。

おかしなことを言う占い師だと思われるかもしれませんね。でも、現在の私はただの占い師ではなく、トータルで開運をサポートする開運アドバイザーなのです。

私は若いときから占いに興味を持ち、風水をはじめ四柱推命・九星気学・西洋占星術・東洋占星術・タロット・姓名判断・前世療法・霊感・霊視などあらゆることを経験してきました。そして、占い師として活動してきました。しかし、占いだけではどうにもならない状況を何度となく目にし、なにか良い方法はないかと考えていました。

そんななか、十五年ほど前に「恋愛成就の方法」や「潜在意識法」と出会い勉強をはじめました。ですが、母体の恋愛成就の方法や潜在意識法ができてくると、健康とかお金とか仕事とかの不安が繰り返すようになったのです。これをクリアしなければだめだと思いました。

そこで、私はジョセフ・マーフィーやナポレオン・ヒル、佐藤富雄氏、深見東州氏などの著書を読み漁ったり講演を聞きに行ったりしました。そして、イメージングやアンチエイジング理論、ウォーキング理論、風水など、あらゆるものを総合し、確実に短期間で成就できる藤岡リナ独自の『開運成就恋愛法』を開発したのです。

十二年ほど前からこの『開運成就恋愛法』を伝授していますが、すでに延べ二千人の方々がすべて完全成就されています。つまり、一〇〇％完全成就しているのです。

そのなかには不倫や遠距離恋愛など難しい恋愛もたくさんあります。でも、難しい恋愛ほど藤岡リナの『開運成就恋愛法』は得意です。

自分を信じ、藤岡リナを信じて『開運成就恋愛法』を行った人だけが真の幸せを手に入れることができるでしょう。さあ、あなたも幸せな結婚をして、お金も仕事も健康もすべて手に入れてください。むずかしいことなど何もありません。素直な気持ちで行えば、必ずあなたも幸せになれるのです。人生を思いどおりに楽しく歩んでください。

私は一人でも多くの人たちに、ほんものの幸せを手に入れてほしいと願っています。この本がみなさまのお役に立てれば幸いでございます。

開運成就恋愛法

Contents

第一章

どんな人でも成就する
藤岡リナ流恋愛法

魔法の扉を開くのはあなた

「テクマクマヤコン、テクマヤコン、お姫様になあれ」

小学五年の女の子、アッコちゃんがコンパクトを開けて、鏡に向かって呪文を唱えると、あらあら不思議、アッコちゃんはたちまちステキなドレスを着たお姫様に変身してしまったのです。

これは私が小学生のころ大好きだった赤塚不二夫さんの漫画『ひみつのアッコちゃん』の一場面です。

アッコちゃんと同じように呪文を唱えれば、何かが変わるのではないかと思った私は毎日のように「テクマクマヤコン、テクマヤコン、○○になあれ」とやっていました。

このときはもちろん、即座に何かになれたわけではありません。アッコちゃんが持っていた鏡は鏡の国の女王様からもらった魔法のコンパクトで、私が使っていたのはおもちゃ屋さんで買ってもらったコンパクトだったのですから。

でも、ああなったらいいなとか、こうなりたいなというような思いを込めて、たとえばお姫様になりたいと呪文を唱えていると、あたかも自分がステキなドレスを着たお姫様になったような幸せな気分になることができたのです。

空想するのが好きだった私は、二十歳になったら何をしようかとか、将来はお城のような家に住んでみたいなとか、大金持ちになるには人と違った生き方をしなくてはだめかなとか、イメージの中であれこれスケールの大きなことを考えていました。

なんの根拠もないのに、そんなことできるはずがないとか無理だなどとは思いませんでした。瞑想にふけっていると未来のことが叶っていく気がしてくるのです。

そしてそのうち、イメージしたことが実現するようになっていきました。

イメージしたことが現実になるなんてことがあるのでしょうか。イメージしただけでそれが現実になるのなら、なんの苦労もないと思う方もおいでになるかもしれません。

ですが、考えてもみてください。飛行機がいま空を飛んでいるのだって、最初は鳥のように飛べたらいいなというイメージから出発しているのです。私たち人類はイメージを膨らませて文明をつくり進化してきたのです。

イメージしている時間はとても楽しいものですし、イメージすることはすごく大事なことだと気づきました。

もしかしたら、幼いころの魔法に憧れる気持ちが、いまの藤岡リナの『開運成就恋愛法』を生み出すきっかけになっていたのかもしれません。

藤岡リナの『開運成就恋愛法』で最も大切なことは、この「イメージする」ということです。

「イメージして実感する」のです。実感することで、どんな願いも、もう叶ったも同然です。魔法の扉を開くのはあなたです。

占いだけでは解決しない

さて、空想好きの少女だった私はやがて占いに興味を持つようになり、西洋占星術・東洋占星術・四柱推命・九星気学・風水・タロット・姓名判断など次々に占いの勉強をしていき、前世療法なども学びました。

そして、自ら占い師として鑑定をはじめ、それだけではあきたらなくなり恋愛成就法も取り入れるようになったのです。

ところが、占いというのは「過去にこんなことがありましたね」とか、「将来こうなるでしょう」としか言うことができないのです。過去のことはともかく、将来が悪くても、ただ「気をつけてくださいね」としか言えません。

たとえば、「結婚したいんです」と相談に来た人に、「今年はだめですね」とか「来年春ごろいい人に出会えますよ」などと占うことはできます。そうなると、だめだと言われた人はもうそれで、今年はだめなんだとあきらめてしまうでしょう。来年春には、と言われた人は、春を楽しみにするかもしれません。

ですが、果たしてそれが「結婚したい」と心底願う人にとってほんとうの解決策になっているでしょうか。私はそうは思いません。「結婚したい」なら、「結婚できた」となって、初めて問題解決となるはずです。

あいまいな鑑定で、なんだか納得できないけれど、占いは当たるも八卦当たらぬも八卦といいますから、それでいいのかもしれません。でも、私は結婚したいと願っている人にはほんとうに結婚して幸せになってほしいのです。

占いに限界を感じた私は、きちんと、しかも早く結果が出せる方法はないものかと模索し、イメージングやアンチエイジング理論、ウォーキング理論などに関する本を読み漁ったり講演を聞きに行ったりして研究を重ねました。

そして、イメージングやさまざまな理論をトータルで用いて鑑定することで、短期間で確実に成就できる藤岡リナ独自の『開運成就恋愛法』を開発したのです。

この方法でほんとうに恋愛成就できるかどうか、私はまず自分自身で試してみました。するとどうでしょう。なかなか結婚しようと言ってくれなかった彼が、突然プロポーズしてくれたのです。これには正直、自分でも驚いてしまいました。

結婚して幸せになれた私は、この『開運成就恋愛法』なら、間違いなく多くの悩める人たちを成就させてあげられると確信しました。

『開運成就恋愛法』を伝授しはじめて十二年、その間、延べ二千人の方々すべてが完全成就されています。それもほとんどの人が半年も経たないうちに成就しているのです。

どんなに難しい恋愛をしている人でも必ず成就できますから、あきらめずに藤岡リナの『開運成就恋愛法』を試してみてください。

それでは次に、成就して幸せになられた人たちの体験談をご紹介しましょう。

＊　＊　＊

わずか三ヵ月で不倫相手とゴールイン

〈相談者　A子さん・三十四歳〉

私は五年ほど前から、妻子ある男性と交際を続けていました。実は私も結婚していて二人の子どもがいるので、ダブル不倫の関係でした。

彼とは会社の女友だちと居酒屋に飲みにいったときに知り合い、意気投合しておつき合いをするようになりました。

当時、夫は仕事が忙しく私も仕事をしていたので家ではいつもすれちがい、たまの休日も夫はゴルフに出かけてしまい家庭をかえりみてはくれませんでした。そんなとき彼に出会い、私の話を真剣に聞いてくれる彼のやさしさに惹かれていったのです。

でも、お互いに家庭のある身。四十歳になる会社員の彼には仕事上の立場もあり、簡単に離婚などできる状況ではありませんでした。だから、絶対に結婚なんて無理だろうと思っていました。それに彼からも「お前とは結婚する気はない」と宣言されていたのです。

彼と結婚しようなんて思ってはいけない。あきらめなくちゃいけないんだと何度も自分に言い聞かせました。それでも、心の中では彼と一緒になって温かい家庭がつくれたらどんなにいいだろうと思いつづけていました。

そんなある日、ネットで藤岡リナ先生の『開運成就恋愛法』を知ったのです。リナ先生の『開運成就恋愛法』なら、もしかして彼と結婚できるかもしれない。そうは思ったものの、このときはまだ半信半疑だったので、「だめもとでもいいか」ぐらいな気持ちで、リナ先生に鑑定をお願いしました。

「それで、彼とはどういう状況なのですか?」

電話の向こうのリナ先生は明るい声でやさしく訊ねてくれました。その声に誘われるように私は彼とのことをすべて話しました。

「わかりました。それではこれから私の言うとおりにやってください。そうすれば、必ず彼と結婚できますよ」

「はい」

「それでは、今晩から寝る前にベッドで大の字になって、深呼吸をしてリラックスした状態で、**彼があなたに熱烈に愛の言葉をささやいているイ**メージをして実感してください。それを三十分、毎日やってみてください」

「イメージして実感するんですか？」

「そうです。ただ、イメージするだけじゃなくて、**ほんとうに彼から愛されているんだ**と潜在意識が実感することが大切なんです」

「わかりました」

リナ先生に言われたとおりに、その晩から私は毎日寝る前に、**彼が熱烈に愛情表現している**と実感するようにしました。

一週間後、二回目の鑑定をしていただくため電話をしました。

「イメージはうまくできましたか？」

「先生、十五分ぐらいはイメージングが続くんですけど、気がつくと眠ってしまっていてなかなか三十分やるのがむずかしいんです」

「三十分やるのがむずかしければ、お部屋の電気をつけたままうっすらと目を閉じてやってみたらどうですか。あとは、リラックスできるように好きな音楽をかけてみるとか、アロマキャンドルを灯してみるとかすると三十分ぐらいすぐですよ」

「はい、わかりました。やってみます」

「それから、**彼の愛情表現**を実感すると同時に、彼の奥さんにいいお相手ができて幸せになってよかったと実感してください」

「彼の奥さんのことを実感するんですか？」

「そうですよ。開運成就恋愛法は誰一人として不幸な人をつくらないのが鉄則です。強引に彼を奪い取るのではなく、自分たちが幸せになるために、彼の奥さんにも幸せになってもらわなくてはならないのです。だから、彼女にいい彼ができてよかったと祝福してしまうのです」

「子どもたちのこともイメージングしたほうがいいんですか？」

「子どもはいい方向についていきますから、奥さんのことだけでいいですよ」

「わかりました。やってみます」

この日から、きちんと三十分、彼の言葉と奥さんにいい相手ができたというイメージングをして実感するようにしました。

リナ先生にはほとんど電話で鑑定してもらいましたが、三回目のときには『開運成就一日法』を教えてもらい、その効果のすごさにこれは本物だと感じました。

それからは十日に一度ぐらいのペースで鑑定してもらい、**彼と結婚して幸せな生活をしている**と実感するようにと言われました。

一ヵ月、二ヵ月と過ぎていくうちに、私はすっかり彼と結婚しているような気分になってきました。彼と暮らしている部屋のカーテンの色やテーブルや椅子などもイメージできます。彼が私の子どもたちと一緒に楽しそうに食事をしたり、遊んだりしています。

なんだか、**ほんとうに彼と結婚できるんだ**と思えるようになりました。でも、家には借金の問題もあり、夫が離婚に同意してくれるとも思えませんでした。

そして、三ヵ月目のことです。

「妻と離婚が成立した。俺と結婚してくれ」

突然、彼がプロポーズしてくれたのです。私は自分の耳を疑いました。こんな奇跡のようなことがあるでしょうか。奥さんはわりとあっさり離婚に同意し、子どもたちは奥さんのほうに引き取られるとのことです。

私も夫に離婚を切り出すと、こちらも案外すんなりと同意してくれました。借金問題も解決し、子どもたちは私と一緒に来てくれました。リナ先生に言われたように、私が思い描き、実感したとおりになったのです。

いま私は彼と結婚し、子どもたちと四人で幸せに暮らしています。

リナ先生の『開運成就恋愛法』に出会えてほんとうによかったです。リナ先生、ありがとうございました。

＊　＊　＊

【・・藤岡リナからのメッセージ・・】

A子さんは底抜けに明るく素直な方で、私に言われたとおりのことをきちんと実行されて三ヵ月という短期間に幸せを手に入れられました。だいたいの方が四ヵ月はかかるので三ヵ月というのは異例の速さです。

世間では不倫は悪いこととされていますが、不倫をする時点で配偶者とは運命的に切れているのです。世間体だけを考えて仮面夫婦を演じているよりは、離婚して新たな一歩を踏み出すほうが子どものためにもいいのではないでしょうか。

不倫や好きな相手に彼女がいる場合は、相手の奥さんや彼女にいい彼ができてよかったという祝福のイメージングをして実感します。よく強引に念を使ったり、お祓いをしたりして彼を自分のものにする方がいますが、それでは幸せにはなれません。

自分が幸せになりたければ、まず相手の彼女に幸せになってもらうのです。そうすれば、あなたがうらまれることもなく、みんなが幸せになれます。

藤岡リナの『開運成就恋愛法』を実践するときは、素直な気持ちで言われたとおりに余分なことを一切考えないであっさりとやることです。そうすれば、必ずA子さんのように成就できます。

ちなみに、絶対に離婚する気はないと言っている人ほど簡単に離婚します。また、ふだん無口で自分から追いかけてくるようなタイプじゃない人ほど、変わるときにはおもしろいほど変わります。

＊　＊　＊

健康を取り戻し、五ヵ月で恋愛成就

〈相談者　K美さん・二十九歳〉

初めてリナ先生に電話で鑑定していただいたとき、私は精神的にも肉体的にもまいっていて心身ともにボロボロの状態でした。事実、そのときの私は体中が痛くて歩くことすらままならず、車椅子に乗って入院中の病院から電話をかけていたのです。

気持ちがめいってうつ病になり、医師からは骨密度が足りないのも身体が痛い原因の一つだと言われていました。

私には六年つき合っている彼がいましたが、彼は弁護士で家柄もよく、とても私とはつりあわないすばらしい人なのです。友人の紹介で知り合ったのですが、彼がこんな私のことを気に入ってくれただけでも不思議なことでした。

彼からは結婚したいと言われていましたが、彼の両親は私との結婚に反対で、私に会おうともしてくれません。うちは両親が離婚していて、私は貧しい母子家庭で育ったので、高校を卒業するとすぐに就職しました。大学も出ていない私が弁護士の彼の奥さんになれるはずがないのです。

彼はとてもやさしい人で、両親を説得するから待ってほしいと言ってくれていました。でも、私は彼に愛される資格がないと思い、彼に会わないように自分から彼を遠ざけていました。

家柄もよくてやさしくてあんなにいい人が、貧乏で教養もないこんな私なんかのことを愛してくれるなんておかしい。彼には私よりもっとふさわしい人がいるに違いない。だから、私は彼のことをあきらめよう。そう何度も自分に言い聞かせました。

そのうち精神的におかしくなってうつの症状が出てきたのです。そして、あちこちが痛くなり歩くこともたいへんになってきて、とうとう入院してしまったのです。

病院ではひまだったので、パソコンでなんとなくホームページを見ていたら、藤岡リナ先生の『開運成就恋愛法』のサイトに行き着きました。読んでみると、遠距離恋愛や別れた彼との復縁など難しい恋愛が短期間で成就できるとのこと。これなら私も彼と結婚できるかもしれない。かすかな希望がわいてきました。

電話をするとリナ先生は、私の話を真剣に聞いてくださいました。

「あなたが自分に自信が持てないのは、お金とか家柄の問題もあるけど、いま体調を崩していて健康じゃないということではないかしら。あなたの場合は、まず健康にならなくてはいけませんね」

『開運成就恋愛法』はふつう、**彼が熱烈に愛情表現をして**一方的に追いかけてくるというイメージングを毎晩三十分間するとのことでした。でも、私の場合は呼吸をするだけでも痛いような状態だったので、リナ先生は健康法でまず健康になったというイメージを実感するようにと言ってくださいました。

その日から私はリナ先生に言われたように、もうどこも痛くない、私は元気になんでもできるというイメージを実感するようにしました。でも、実際は痛いのに痛くないと実感するのはむずかしいことでした。

一週間後、二度目の鑑定をしていただきました。

「どうでした？」

私は正直にイメージングがむずかしいことを話しました。

「そうですか。それでは、まったく痛くないではなく、病気がよくなりつつある、痛みが徐々に取れていくとイメージして実感してください。そして、**彼は自分に夢中で、愛してる、愛してると言って追いかけてきている**とイメージして実感するのです」

「はい、やってみます」

「愛情で満たされていると、物事がすべてうまくいくようになります。もちろん、健康になりますよ」

私はそれから毎日、痛みが取れていくイメージングと**彼から愛されている**というイメージングを実感するようにしました。

すると一ヵ月経ったころには、いままで動いても呼吸をしても痛かったのが、少しずつ楽に呼吸ができるようになり、身体の痛みがやわらいでいったのです。さっそくリナ先生に報告しました。

「よかったですね。それでは、次に**彼と結婚して幸せな生活をしているところ**をイメージして実感してください。結婚式の場面とかではなくて、もう一緒に生活している場面をできるだけ具体的に実感することが大切です」

私は病院のベッドで一日三十分は必ず**彼と結婚して幸せになっている**自分をイメージして実感するようにしました。

「イメージングしてもいまの彼と結婚できないことがあります。でも、そのときは彼以上の人と必ず結婚できますから心配はいりませんよ」

リナ先生から、そう言われていたので安心してイメージングを続けました。

イメージングを続けていると、どんどん元気になってきて、自分に自信が持てるようになり、**ほんとうに彼と結婚している**と思えるようになりました。現実の彼もときどきお見舞いにきてくれていたので、彼を信じる気持ちにもなっていたのです。

五ヵ月後、もう私は退院してふつうの生活にもどることができました。あんなに苦しかった身体の痛みから解放され、明るく前向きに物事を考えられるようになりました。リナ先生が、いつもニコニコ礼儀正しくしていると悪いことは起こらないと言ってくださったのが心の支えになりました。

そして、何よりうれしかったのは、退院が決まったとき、彼が結婚しようとプロポーズしてくれたことです。ご両親にも受け入れてもらうことができました。

入院中はリナ先生にほんとうにお世話になり、何か資格を取りたいと相談したときは、ほんとうは何をやってみたいのか考えて、その仕事ができるようになってよかったとイメージングして実感してごらんと言われ、セラピーとかやったらいいんじゃないとアドバイスしていただきました。

おかげで、彼と結婚できたばかりでなく、通信講座でセラピストの資格を取ることができ、これからの人生が楽しみです。

＊　＊　＊

【・・藤岡リナからのメッセージ・・】

K美さんは蚊の鳴くようなか細い声で電話をかけてきました。声の波動を聞いているだけで、この人はいまパワーが異常に落ちているなとすぐに直感しました。

話を聞くと、彼女は貧しい生活をしてきた生い立ちに引け目を感じていて、卑屈になっていました。それで、これまでもつらい恋愛ばかりしてきたのです。でも、いまの彼とは、できれば結婚したいということでした。

本来なら、すぐに恋愛を成就するためのイメージングをしてもらうのですが、彼女の場合はそれ以前に健康になってもらわなくてはなりません。

そこで私はまず健康法をお教えし、同時に遠隔で健康を取り戻すパワーを送りつづけました。彼女のようにパワーが落ちていると、なかなか自分の力だけでは回復がむずかしいと思ったのです。

また、病気で弱っているときなどは悪霊がハイエナのように寄ってくるので、それを阻止するために、ベッドのサイドテーブルに盛り塩を置くようにしてもらいました。

三回目の鑑定ぐらいから、だいぶ身体の痛みが取れてきたようでしたので、彼と結婚して幸せに暮らしているというイメージングを実感してもらうことにしました。

しだいに健康を取り戻した彼女は自分に自信がついてきて、セラピーの資格を取れるまでになりました。もう、このころになると、彼女の潜在意識にしっかりと愛が刻み込まれていますし、以前とは別人のように彼女は魅力的な女性になっていました。

そして、五ヵ月目に彼との恋愛を成就されました。

彼女のようにうつ病の人でも、『開運成就恋愛法』と健康法を用いれば、早期に症状が出なくなりますし、恋愛も成就できるので、うつ病の人にはとくにお勧めです。

病気の人も、遠距離恋愛の人も、不倫の人も、彼と別れて時間が経ってしまった人も、どんな状況の人でも年齢も関係なく、藤岡リナの『開運成就恋愛法』なら、必ず成就できるのです。

＊　＊　＊

成就して仕事も人間関係も良好に

〈相談者　N樹さん・三十八歳〉

僕には十五歳年下の彼女がいたのですが、年が離れすぎているという理由で彼女の親に交際を反対され、別れさせられてしまい、彼女とも音信不通になっていました。

それでも、僕は彼女のことが忘れられず、彼女と結婚したいという思いで、藤岡リナ先生の『開運成就恋愛法』にかけてみようと思ったのです。

ですが、そのときの僕は職場でもいやな上司に囲まれていて、仕事もおもしろくなく収入も減って、踏んだり蹴ったりの状況でした。技術系で就職した会社だったのに、営業に回されてしまったのです。口下手な僕に営業成績が上がるはずもなく、上司にはいやみを言われ続け、気持ちが落ち込んでいました。

こんな状況だったので、結婚はしたいけど自分に自信が持てませんでした。

それらのことをすべて藤岡先生に話しました。

「あなたの事情はよくわかりました。今晩から、**彼女に信頼されて評価されている**イメージを実感してください。たとえば、あなたってお仕事もできてすてき、愛してるわって言われているイメージを実感するのです」

これまで、彼女のほうから愛してるわなんて言われたことはありませんでしたから、少しとまどいました。それに、イメージングすることで、イメージしたことが現実になるというのもすぐには信じることができませんでした。

「イメージするだけで、ほんとうにそれが現実になるんですか?」

「ただイメージするだけではなく、イメージしたことを実感することで、潜在意識がもうそれは実際のことだと判断するのです。そうなると、もう現実になるしかなくなるのです」

「はあ」

「まだ、おわかりにならないようですね。それでは、ジョセフ・マーフィーの本を読んでごらんになるといいでしょう。イメージングについての理論が書かれています。何冊も本が出ていますけど、『マーフィー世界一かんたんな自己実現法』なんかがわかりやすいかもしれませんね」

「わかりました」

僕は言われたようにマーフィーの本を読みました。そして、なるほどと思ったのです。

三回目のときに五万円引き寄せる『一日法』を教わりました。すると、一ヵ月もしないうちにまったく当てもなかった五万円というお金が手に入ったのです。この一日法をやってから、これなら恋愛も成就するに違いないと思うようになりました。

藤岡先生からは一日法のあとに、仕事法を中心にやっていただきました。そのときは、仕事で成功していい家庭を築いている自分をイメージして実感することと、彼女の両親に祝福されているイメージを実感するように言われ、そのとおりに実行しました。

また、藤岡先生からは自分が成功者になったイメージをつけやすくするために、現実の行動パターンも変えるように言われました。

たとえば、高級なレストランに行ってみるとか、ワンランク上の車を試乗してみるとか、自分がお金持ちになったときの気持ちを現実に感じるということです。いままであまり縁のなかったことでしたが、できるだけ高級なものに触れる機会をつくるようにしました。

そうしているうちに、転勤が決まり、やりたい仕事ができるようになったのです。そのうえ、上がるはずのないお給料が上がり、人間関係もよくなりました。

「先生、こんなことってあるんですね」

僕は『開運成就法』のあまりの効果にびっくりしました。

そしてもっと驚いたことには、別れた彼女から突然「会いたい。会いたい」というメールが届いたのです。そのことを藤岡先生に話すと、それは当然のことだと言われました。

「あなたの潜在意識の中では彼女と結婚して幸せな家庭を築いているのですから、相手があなたにメールをしてくるのは当たり前のことです」

「そうか、当然なんだ」と僕も思いましたから、それから三週間ぐらいはメールがきても返事をせずそのままにしていました。

彼女は僕がメールを返さないので、気が狂ったように何回もメールをしてくるようになりました。そこで、仕事も順調に運ぶようになり自信のついた僕は、彼女に会ってプロポーズしました。もちろん、彼女の答えはイエスです。

彼女の両親も納得してくれて、わずか五ヵ月ちょっとで、結婚にまでこぎつけることができました。

＊　＊　＊

【・・藤岡リナからのメッセージ・・】

私のところに相談に来られるのは女性が圧倒的に多いのですが、最近は男性もよくお見えになるようになりました。

男性の場合は、本能的に女性を追いたいという立場ですので、女性から迫られるイメージを実感するのはむずかしく時間もかかります。ですから、ただ「愛してる」だけではなく、「仕事ができてすてき、愛してるわ」というように、彼女に能力を認められているイメージを実感してもらいます。

はじめN樹さんはイメージングしたことが現実になるということが信じられないようでしたが、マーフィーの理論を学んで納得され、実践できるようになりました。

また、男性は仕事がうまくいっていないと家庭を持つことは考えられません。なので、一日法をやったあとは仕事法を中心にやることにしました。

仕事法をやったことで、やりたかった仕事につくこともでき、収入も上がって自分に自信がついたようです。

彼女から突然メールがきたときも、もう成就していたのでN樹さんはあわてることなく当然のこととして受け止めることができました。このように、恋愛成就するときは一％も負荷がかかっていない状態になるのです。

＊　＊　＊

六ヵ月目に年下の彼からプロポーズ

〈相談者　Y香さん・五十一歳〉

彼は私より十歳年下の売れっ子フラワーデザイナー。やさしくてルックスもいい彼は女の子たちの人気者で、私のほかにも二十八歳になる彼女がいました。

私はバツイチのフードコーディネーター。仕事は楽しくやりがいがあり、私にしかできない世界をつくりだすために日夜飛び回っています。

彼とは友人のカメラマンのパーティで出会いました。お互いクリエイティヴな仕事をしているので自然と話が合って、「また近いうちに会いたいですね」ということでアドレスの交換をして別れました。

そうしたら、彼はもうその日のうちに、というよりいま別れたばかりなのに、すぐにメールを送ってきたのです。

「今日はあなたに逢えてよかった。また、会ってくださいますか？　明日の晩はいかがですか？」

若い男の子のような彼のメールに私は思わず笑ってしまいました。そして、私もまだまんざら捨てた物じゃないのかもと、うれしくなりました。

離婚してからは、男なんてこりごりと思っていた私ですが、徐々に彼のペースに引き込まれ、気がついたら恋愛関係になっていたのです。

でも、彼には若い恋人がいます。うそがへたな人なので、女性関係もすべて私に話してくれるのです。

彼と付き合うようになって二年が過ぎ、この先、彼とはどうなるのだろう。できることなら結婚したい。でもずっとこのままなのかなと不安になりました。そのことを久しぶりに会った友人に話すと、それなら開運アドバイザーで恋愛カウンセラーでもある藤岡リナ先生に鑑定してもらうといいと教えてくれたのです。

それまで知らなかったのですが、彼女もリナ先生に鑑定してもらっていて、一度は離れてしまったもののどうしても忘れられなかった彼と結婚できたというのです。ほんとうかしらと思いました。

「リナ先生の『開運成就恋愛法』をやれば、あなたも絶対に彼と結婚できるわよ。私が保証するから」

自信満々に話す彼女の言葉に後押しされて、私はリナ先生に鑑定の依頼をしました。

私の話を聞いたリナ先生は、『開運成就恋愛法』では、年齢とか状況とかそういうことは一切関係ありませんよと言われました。要は、**彼に愛されている**ということをしっかりイメージして実感し、潜在意識に認識させる。潜在意識が認識したことは現実になるしかないということなのです。

潜在意識だけで人生が変わるなどということがあるのでしょうか。どうにも私には納得がいきませんでした。それでも、彼と結婚したいという気持ちがあったので、毎晩、イメージをするようにしたのです。

「どうでした?」

二回目の鑑定のときに聞かれました。

「二、三日前に彼とけんかをしてしまって、それからなんかむしゃくしゃしてうまくイメージングできないんです」

「あなたがイメージングする彼は、現実の彼とは関係ないまったく違う人なんですよ。現実の彼のことは手放してください」

そう言われても、現実の彼とイメージの中の彼をどう区別すればいいのか、なかなかすんなりとは気持ちを切り替えることができませんでした。

三回目に五万円を引き寄せる『一日法』を教えていただきました。

すると一ヵ月ぐらいで、まったく思ってもみなかった五万円が入ってきたのです。なんだかとても不思議な気持ちになりました。と同時に、こんなことができるのなら、彼との結婚も夢ではないのではないかと、思えるようになってきたのです。

それから少し心構えが変わってきて、現実の彼を見ないようにしようと思うようになりました。それでも、やっぱり、彼と会ってけんかなどしてしまうと、うまくイメージングできなかったりしていました。

四ヵ月、五ヵ月と過ぎてもまだ状況は何も変わっていませんでした。

「ほんとにこのままじゃ成就しませんよ。全部手放してください。手放すだけでいいんですよ」

五ヵ月目にリナ先生に強く言われました。

「現実の彼と会わないことです。電話がきてもメールがきても会わないぐらいでいいんです。一ヵ月ぐらいほったらかしにしておいても彼の気持ちは変わりませんからね」

電話やメールがきて、現実の彼に会っているということは、まだ彼のことを気にしているということ。現実の彼に捕らわれているということ。それはわかっているのに、つい会いたくなってしまうのです。

「今日から一ヵ月、自分からわざと彼と会わないように予定を入れてください。潜在意識の中の彼だけに集中して昼間の顕在意識まで変えていかなければ、いつまでたっても成就しませんよ」

「わかりました」

今度こそ、リナ先生の言葉を肝に銘じ、現実の彼を手放すために彼とは会わないようにしました。彼からはなんでそんなに忙しいのかと言われましたが、ごめんねと言うだけで決して会いませんでした。

一ヵ月、彼に会わないことで、イメージングの彼がほんとうの彼だと実感できるようになりました。現実の彼をすっかり手放すことができたのです。

するとどうでしょう。

「結婚してほしい」

彼から結婚を申し込まれたのです。二十八歳の彼女ともきれいに別れたと言います。これはまさに奇跡的なことです。でももう、このときの私は彼からのプロポーズは当たり前だと考えるようになっていました。私の中ではすでに彼と結婚して幸せな生活をしていたのですから。

成就するまで六ヵ月、なかなか現実を手放せませんでしたが、手放したらすぐにするっと成就できました。リナ先生の言われるように、そのままのことを素直にやるだけでよかったのだといいまさらながら思っています。
リナ先生には心からお礼を申し上げます。ありがとうございました。

＊　＊　＊

【・・藤岡リナからのメッセージ・・】

Y香さんはキャリアウーマンで仕事に対してはとてもプラス思考の方です。でも、恋愛となると、離婚されていることもあって、一歩引いてしまうところがありました。彼が十歳年下というのも気になっていたのでしょう。結婚は無理だと思っていたようです。

五ヵ月経ってもなかなか現実の彼を手放すことができません。このままではだめだと思った私は厳しい口調で現実を手放してくださいと言いました。

それでふっきれたのでしょう。彼女は意志の強い人だったので、途中で投げ出すことなく、現実を手放すイメージングを本気で実感されました。すっかり手放したとき、彼から結婚を申し込まれたのです。

また、彼女の場合は、『開運成就恋愛法』と同時に霊視をし、離婚したご主人と暮らしていた家にそのまま住んでいたので、まず家を遠隔で浄化しました。離婚があったような家は浄化しておかないと喜び事に縁がなくなってしまうのです。

さらに、風水も取り入れ、南にあった寝室を北に移しました。南は別れの方位で、北は夫婦円満の方位になるのです。

このように、藤岡リナの『開運成就恋愛法』はトータルで、一人ひとりに合った鑑定をしています。

＊＊＊

運命の人と結婚

〈相談者　T雄さん・六十九歳〉

私は若いころから血のにじむような努力をして一代で会社を創業し、一流といわれる企業にまで成長させました。

当然、資産もでき、金銭的には何も困ることはありません。ですが、家庭的には孤独な生活をしていました。結婚は三度していて、それぞれに子どももいるのですが、三度とも離婚しているのです。

三人の妻はみな若く、金遣いが荒く、私の財産目当てだったのではないかと思うのです。彼女たちとはもう会うこともなく、子どもたちも私に近づこうとはしません。もっとも私が死んだら遺産相続に群がってくるのでしょうが。

とにかく、私はこれからの余生を共に生きてくれる相手が欲しかったのです。たまたま、知り合いがリナ先生を紹介してくれたので、相談してみることにしました。

ほんとうに私のことを愛してくれるソールメイトを引き寄せてみたいと私は話し、リナ先生の指示どおりにイメージングをして実感するようにしました。

三回目の鑑定のときに『友だちをつくる一日法』をやりましょうと言われました。

「ほんとうに自分に心から信頼できる友だちができてよかったとイメージして実感してください」

たしかに私には心から信頼できる友だちがいませんでした。取巻きはたくさんいましたが、みんな仕事がらみだったので、私に忠告してくれるような人はいなかったのです。

「それから、なにか心から楽しめる趣味を見つけるといいですね。リラックスできる自分の世界が見つかってよかったとイメージすれば、やりたいことがわかりますよ」

リナ先生のアドバイスどおりにやって、趣味を見つけることができ、私は英会話を習い始めました。一人で電車に乗って英会話スクールに通い、若い人たちに混じって楽しい時間を過ごせるようになったのです。

恥ずかしい話ですが、それまではいつも運転手にどこへでも行ってもらっていたので、電車に乗ることもほとんどありませんでした。ですから、そんな経験もとても新鮮でしたし、スクールの後でクラスメイトや先生たちと居酒屋などへ行くことも楽しいものでした。

はじめの一ヵ月ぐらいは潜在意識に訴えかけるということを理解するのがたいへんでしたが、本を読んだりして自分でもあれこれ研究していくうちに理解できるようになりました。

毎晩三十分イメージングをつづけて四ヵ月ぐらいしたとき、ある人が私と同年輩の女性を紹介してくれたのです。このとき、私は直感的に「この人が運命の女性だ」とわかりました。

彼女と話をしてみると、思ったとおりの人でした。私が近いうちに会長職を退いて田舎に家を建ててそこで暮らしたいと思っているが、一緒に来てくれないかと言うと快諾してくれました。

これまでの私の人生は仕事仕事で、愛のない生活の繰り返しでした。お金があるから人はたくさん寄ってくるものの心が通う人がいなかったのです。

リナ先生によれば、引き寄せは『波動の法則』によって起こるもので、お金で動かそうと思えば、そういう人たちが集まってくるということです。たしかにこれまでの私はお金がすべてのような生活をしてきたのかもしれません。

お金から離れ、心豊かに生きようと考え始めたとき、初めてほんとうに愛する人に巡り逢えたのです。

＊　＊　＊

【・・藤岡リナからのメッセージ・・】

藤岡リナの『開運成就恋愛法』の鑑定では、三回目のときに『一日法』というのをやっていただきます。ほとんどの方にはお金を引き寄せる法をやるのですが、T雄さんの場合は、お金は必要ありませんでした。それよりも、信頼できる友人がいなかったので、ソールメイトを引き寄せるための法をやっていただきました。

彼は苦労して会社を大きくしているだけに、他人に対しても厳しく、お金がほしければ労働しろみたいな態度で接してきたようです。どんな人にも愛情を持って接しなければ、自分もまた愛情を得ることなどできないのです。

愛されているイメージングをするときは、T雄さんには特定の彼女がいなかったので、女性をイメージするときは好みのタイプの女性を思い描いていただくようにしました。

毎晩のイメージングをするうちにT雄さんの中に愛情が満ちてきました。愛に満たされてくると、自然と成就できるのです。

第二章

潜在意識を使って 実感したことが現実になる

短期間で願望がすべて叶う

どんなことであれほんとうになると心から思えば、そのイメージが潜在意識に入りこみ、現実となってあらわれる。前向きなイメージを持てば望みが叶えられ、恐怖心は不幸をもたらす原因になる。潜在意識と顕在意識が一体化すると、すべて目に見えるものとして出てくる。これはジョセフ・マーフィーの『信念の法則』のほんの一部です。

マーフィーのほかにもナポレオン・ヒルや佐藤富雄氏など多くの人たちが同じような宇宙の法則を説いています。

また、最近ではイメージトレーニングがさまざまな場面で行われるようになり、とりわけスポーツ選手が「今日はイメージどおりにいきました」などと言っているのをよく耳にするようになりました。

たしかに、自分が先頭を切ってゴールに入るイメージを潜在意識の中に埋め込めば、水泳でも陸上競技でも優勝を可能にする近道になります。

恋愛成就も同じことです。**大好きな彼（彼女）と結婚して幸せな生活をしている**イメージを実感して潜在意識に認識させることで確実に成就できるのです。

ただ、『藤岡リナの開運成就恋愛法』がマーフィーの法則などと違うのは、成就までに時間がかからないということです。

マーフィーの法則などでは、いつか必ず目的が達成されるというものの、それが明日なのか一年先なのか十年先なのかよくわからないのです。明日ならいいですが、十年先ではあまりにも時間がかかりすぎてしまい、途中で息切れしてしまいそうです。

そこで、なんとか時間の短縮ができないかと考えた私は、あれこれ試行錯誤した結果、平均四ヵ月で、早ければ三ヵ月、遅くとも六ヵ月で成就できる『藤岡リナの開運成就恋愛法』を生み出したのです。

むずかしいことは何もありません。ただ、就寝前にベッドで大の字になってイメージングするだけで、天上界からのエネルギーをダイレクトにもらうことができ、短期間に恋愛が成就できるのです。もちろん、恋愛ばかりでなく、お金でも仕事でも健康でもどんな望みでも叶えることができます。

ただし、彼と結婚できたらいいなぐらいの気持ちでは十年やっても成就しません。彼とほんとうに結婚したければ、彼と結婚して幸せに暮らしている自分をイメージして実感することです。

鑑定スタートは生活環境を整えてから

それでは、『藤岡リナの開運成就恋愛法』の具体的な方法をお話ししましょう。

通常、鑑定は電話か対面のどちらかで行っています。電話だけという方もたくさんいらっしゃいますが、成就した最終段階で一度は対面鑑定をするようにしています。

鑑定は一回から三、四回までの間は、一週間ごとに行い、それ以降は一週間から十日間隔、ある程度恋愛成就法ができてきたら十日から二週間おきになります。この間隔での鑑定がいままでの統計で最も効果的な頻度なのです。

たとえば、三~四日ごとに鑑定を受けたりするのは逆効果になります。次の鑑定まで何があっても自分一人で切り抜けることが恋愛成就するための一つの試練だと思ってください。誰にも頼らず、強くイメージングして実感することです。

また、鑑定の期間を空けすぎると恋愛成就の軌道から外れてしまいますので、注意してください。

ただし、鑑定には個人差があり、一人ひとりの状況に応じて鑑定の間隔は違ってきます。ですから、鑑定は初めが肝心です。 きちんと鑑定を受けていただくことで、初めて成就するのです。占いサイトのような一回だけの鑑定ならば受けないほうがよいでしょう。

電話の場合には、必ず静かに落ち着いて鑑定を受けてください。

そして、鑑定を受ける際には、メモの用意をして内容を書き留めるようにしてください。

追いかけている気持ちはNG

私のところに鑑定に来られる方は、みなさん結婚したいと望まれています。ですが、好きな人と遠距離恋愛をしているとか、別れた彼が忘れられないとか、不倫だとか、年の差があるとか、まだ彼がいないとか、さまざまな事情を抱えています。

いってみれば、心の中がグレーになっていて、ハートのチャクラが閉じているような状態なのです。

チャクラとはオーラ（人のからだのまわりにあるエネルギーフィールド）とからだを結ぶエネルギーセンターのことだといわれています。チャクラは私たちの存在に必要なエネルギーの力の中心点だと考えられているのです。

からだの中には七つの主となるチャクラがありますが、すべてが開いて、からだいっぱいに宇宙のエネルギーを入れて心を明るく健康的なピンク色にしなければ幸せにはなれません。

そのために、最初の一週間は寝る前に三十分間、大の字になって手のひらを上に向けて、大きく深呼吸を三回してからイメージングしてもらいます。目はうっすら閉じるくらいでいいでしょう。

大好きな彼が熱烈にあなたに愛の言葉をささやいている。その言葉を繰り返し受け止めるのです。

まだ決まった相手のいない人は、好きなタレントさんを思い描いてください。そうすることで、その人の雰囲気によく似た彼と成就できます。

「今日から、自分と彼の立場を逆転してね」

これは、大好きな彼がいる人に対して私が最初に言う言葉です。

「彼のことを好きだという気持ちを今日からストップしてね。彼のほうが自分のことを好きで追いかけてきているイメージを実感してね。自分が追いかけている気持ちを断ってくださいね」

「彼を好きだという気持ちを断つなんて、私にはできそうもありません」

最初はみなさんそう言います。

「本気で彼と結婚したいなら、好きだという気持ちを断たなくては成就できませんよ」

自分の気持ちを抑えて、相手から**熱烈に愛の言葉をささやかれている**イメージをするのです。**彼の愛情表現をすべて受け入れて**寝ることによって、心の中がピンク色に染まって幸せのオーラが出てきます。脳の中でも心の中でも幸せがインプットされるようになってくるのです。

彼が好きで追いかけているときは必死のオーラが出ています。「彼はいまどこで何をしているの」とか、「今日は電話をくれなかった」とか、こんなふうにいつも追いかけられていたら相手だっていやになってしまいます。追いかけている気持ちは逆に相手を逃がしているのです。

まして、「早く私と結婚して」なんて波動を出すと、よけいに相手は引いてしまいます。彼がいることで自分を満たそうというのは間違いです。

彼に愛されているという実感がからだいっぱいに入ると、自然に自分がプラス思考になっていき、やりたいことが出てきたり、仕事に意欲がでてきたりします。金銭的にも恵まれるようになり、輝いて魅力的な女性になっていくのです。

そうなれば、いやでも彼はあなたにプロポーズせざるを得なくなります。自分の心を愛情で一〇〇%満たしたときに一〇〇%の彼がくるのです。

イメージングするときは、二人でラブラブなところをイメージするのではなく、彼が一方的に必死になって、**熱烈に愛情表現して**追いかけてくるところを寝ながら楽しくイメージして実感してください。

毎日一時間、三ヵ月続ければ成就できる

「今週、どうでした？」

二回目からの鑑定はイメージングのチェックからはじまります。

はじめのうちはみんな十分で寝てしまったとか十五分で寝てしまったとか、なかなか三十分イメージングに集中するのはむずかしいようです。

どうしても眠くなってしまうときは、部屋の明かりをつけて軽くまぶたを閉じてやってみましょう。うっすらと明るさを感じていれば、真っ暗よりは眠くならないはずです。好きな音楽をかけるのもいいですし、アロマオイルの香りを楽しみながらやるのもいいでしょう。

それから、大の字になってというと、布団を掛けないでやったら寒くてたまらなかったと言う人がいますが、潜在意識に働きかけるわけですから、布団は掛けても大丈夫です。

最初はほとんどの人ができませんが、一ヵ月もすると三十分のイメージングができるようになってきます。

それでもまだ、三十分できないようなら、何が原因かを探っていきます。

「いまの彼でやらないでくださいね」

現実の彼とはけんか別れしていたり、振り向いてくれなかったり、奥さんがいたりするかもしれません。でも、イメージの中の彼は彼であって彼ではないのです。

現実の彼を一〇〇%美化した理想的な彼に置き換えてイメージングするのです。

「彼を変えるためにやるんですか?」

こういう質問をされる方がいます。

「いいえ、そうではありません。イメージングで実感して、自分の中の彼を変えることで、自然に彼が変わっていくのです」

つまり、潜在意識が宇宙とパイプでつながることで、宇宙が願望を叶えてくれるのです。私たちの願いは何でも叶うことになっています。それが宇宙の法則なのです。

たとえば、いじめにあって「いやだ、いやだ」と思っていると、よけいにいじめられたりします。もし、いやな人がいたら、完璧に相手を美化して「この人はすばらしい自分の理解者でこれ以上の人はいない」と考えることです。そうすると、一ヵ月もしないうちに相手の態度がおもしろいほど変わります。

いやな人に対しては「いやだ」という波動を出しているのです。お金がないとしたら、「お金がない」という波動を出しているということです。波動は共鳴し合うものです。ですから、愛情に溢れたいい波動を出すことが大切なのです。

三十分のイメージングができるようになったら、次は一時間、リアルに結婚後の生活をイメージしていきます。

結婚式でウェディングドレスを着ているところとか、エンゲージリングをもらっているところとかをイメージするのではなく、もう結婚しているという場面をイメージして実感するのです。どういう家に住んでいるか、家具やインテリアなども視覚化していきます。

すでに結婚しているところをイメージングして実感するので、もうそうなるしかなくなります。

一つのことを現実にするのには、ほぼ三ヵ月かかるといわれています。ですから、一日一時間のイメージングを三ヵ月、きっちりやれば成就できます。

はじめの一ヵ月に三ヵ月をプラスして、四ヵ月から六ヵ月で成就となるのです。個人差はありますが、むずかしい恋愛だからとかは問題ではありません。いかにイメージングに集中するか、また昼間いかに現実を手放すか（現実の彼を忘れるか）で、決まってくるのです。

イメージングは儀式としてやるといやになってしまいますが、自分の**すごく好きな人から情熱的に愛され追いかけられるイメージ**は、やっているうちにすっかりその気になってきて、「はまっちゃうと楽しい」って言う人がたくさんいます。

毎日続けることで心の中にプラスのパワーが蓄積されていきます。そして、一ヵ月もすると、こまかな変化に気づいていきて、イメージングだけで彼と結婚できるのだろうかなどという潜在意識の不安が取れていきます。

そうなればしめたもの。成就はもう目の前です。

主役女優になりきって

恋愛成就法はひとつのドラマだと考えてください。脚本のタイトルは『幸せな彼と私』。主役の女優はあなたです。

現実のあなたは彼に振り向いてほしくて追いかけてばかりいるかもしれません。でも、ドラマの中のあなたはまったく逆転しています。**彼から熱烈に愛されて**追いかけられているのです。彼は気が狂ったのではないかと思うほど必死になってあなたを追いかけ愛の告白をしてきます。

「お前がいないと俺は生きていけない」

彼はあなたに惚れきっていて、ほかの人にはまったく目がいきません。

寝る前に毎日一時間、そういうイメージをして実感することで、あなたは成就できるのです。

イメージするだけでほんとうに成就できるのだろうかと不安を感じたり、むずかしく考えたりしてはいけません。明るく、素直に、前向きに監督である私の指示どおりに演ずれば、それだけで幸せになれます。

事実、この恋愛成就法で二千人もの人たちが一〇〇％成就しているのです。

夜はうまくイメージングできたのに、昼間になると現実に引き戻されてしまう人がいますが、それでは成就できません。

忘れないでください。あなたは『幸せな彼と私』のヒロインです。昼間だって、彼から愛されているヒロインに徹しなくてはならないのです。

「昨日もラブラブでよかった」

「彼にあんなに愛されて、私はなんて幸せなんだろう」

などと考えていればいいのです。

もし、どうしても現実の彼が気になって不安になるようなことがあったら、「私は絶対運がいいの」とか、「彼は私に夢中よ」などという言葉を台詞《セリフ》だと思って発してみましょう。雑念はいい言葉を発することで取れていき、発した言葉はそのままあなたのイメージの中に入っていきます。

まちがっても、私は美人じゃないしとか、いままでいいことなかったしとか、マイナスなことを考えないでください。マイナスのイメージはプラスのイメージよりいっそう強く潜在意識に働きかけてしまいます。潜在意識が認識したことは現実になります。

ですから、女優になりきって、幸せなヒロインを楽しく演じていれば、潜在意識が幸せなあなたを認識し、そのままの幸せな女性になることができるのです。

イメージをどんどん膨らませて

鑑定も三、四回目ぐらいになってくると、みなさんだんだんと要領がわかってくるようです。そうなると、イメージの中の彼はただ**熱烈に愛の言葉をささやいている**だけではなくなります。

たとえば、あなたが仕事で疲れて家に帰ってくると彼がご飯をつくってくれるとか、肩をマッサージしてくれるとか、すごくやさしくしてくれます。彼はあなたのためにあなたが喜ぶことをしたくてしかたがないのです。

自分がご飯をつくって彼を待っているのではありません。あなたが彼を愛しているのではなく、**彼が一方的にあなたを愛している**のです。

別れた彼からまだ電話がかかってこないとか、彼の態度にまったく変化がないとか、現実の彼がどうであれ、気にかけてはいけません。あなたの結婚する相手は、一方的にあなたのことを愛している彼なのですから。

彼が自分を愛し、つくしてくれるのは当然のこと。そのイメージを実感するだけでいいということに気づいた人が早く成就します。彼のやさしさは結婚してからも変わることはなく、あなたに夢中な彼は浮気をすることもありません。

ふだんからやさしい人よりも、無口で愛してるとも言ってくれないような社交べたな彼のほうが、イメージングによっておもしろいほどがらりと変わります。

彼が女性に気をつかったことがないような人ならば、一緒にショッピングをしているところとか、エスコートしてくれているところとか、花束をプレゼントしてくれるところとか、現実の彼では考えられないようなことをイメージすることです。

潜在意識がそのイメージをしっかり刻み込んだとき、彼は別人のようになり、ひとたびそうなるとそれが持続します。

逆にふだんからやさしい彼は優柔不断なところがありますから、男らしく決断力のある彼をイメージすることで変わっていきます。

鑑定では何が問題で成就できないのかをさぐっていき、彼の性格を分析して、どうイメージングしていくか、状況に合わせてアドバイスしていきます。

プラスのイメージをどんどん膨らませて、潜在意識に働きかけるとチャクラが開いてハートのオーラが出てくるようになります。潜在意識が愛されていると実感すると、心も容姿も輝いているキャラクターをつくるのです。

そうなると、自然に人が寄ってくるようになり、男性からはもてるし、女性の友だちも増えていき、人間関係が変わっていきます。花もきれいに咲いていると蜂がブーンと飛んできますが、閉じている花には何も寄ってこないのと同じことです。

どうしても不安が取れないときは

だいたいの人が一ヵ月もすれば、イメージングに慣れて現実の彼のことを考えなくなります。

しかし、三ヵ月過ぎてもまだ、彼と結婚できるかどうか不安でたまらないという人がいます。別れた彼からまだ連絡がないとか、彼の態度がまったく変わらないとか、現実の彼が気になってイメージングに集中できないのです。

そのような人は、何か要因があるのです。たとえば、子どものころ両親の争いが絶えなくて揚げ句の果てに離婚しているとか、そうしたことがトラウマになっていることもあります。どうしても不安が拭いきれないときは、前世療法などで原因をさぐり解決へと導きます。

また、四ヵ月も五ヵ月も経ってから、実は家に祈祷師からもらったお札があるとか、『藤岡リナの開運成就恋愛法』をやりながら、ほかの占い師のところへ行っていたなどという人がいますが、そんなことをしていては成就できません。

お札などは粗末にしてはいけないので、私が遠隔でパワーを送って浄化しますから、しかるべきところへ納めてください。

ほかの占い師や祈祷師にみてもらうつもりなら、最初から『藤岡リナの開運成就恋愛法』をやらないことです。『藤岡リナの開運成就恋愛法』は、だれかに頼るのではなく、自分で自分の中の潜在意識を変えることで成就するのです。

ですから、私が鑑定にいらした人たちをどうこうするのではなく、私はその人たちを幸せに導く開運アドバイザーであり、恋愛カウンセラーとしてどうしたら成就できるかアドバイスをするだけです。

どうしても結婚したいと思ったら、どんなことがあってもできないことはないはずです。たとえば、身内に不幸があったとしても、だから続けて鑑定が受けられないという人は最初からやる気がないのと同じことです。途中でやめてしまえば、それまでです。

鑑定から鑑定までには最低一週間という時間がありますから、旅行に行ったって何をしたってうまく日にちをずらせばいいわけです。地球上にいるかぎりは、どこからでも鑑定は受けられます。事実、海外からの鑑定も何件かあり、フランスのパリから電話で鑑定を受けている人もいます。

とにかく、藤岡リナを信じて最後まで続けてほしいのです。続けた人だけが成就でき、ほんとうの幸せを手に入れることができます。それを一人でも多くの人に実感していただきたいと思います。

なお、何か始めるといつも途中でだめになって続けられないという人がいます。それが霊障によるものであれば除霊します。

また、ものごとがうまくいかない、負けぐせとか不幸ぐせとか、思考パターンに悪い癖がついている場合もあります。

自分が追いかけるから、彼もお金も仕事もうまくいかないのです。追いかけて絶対にこうしたいというオーラを出してしまうと、追われたほうは逃げていきます。

たとえば、彼から電話とかメールがこないと別の女性と会っているんじゃないかなどと考えてしまいます。そう思われて疑われていることでどんどん彼は不快になっていきます。メールを見られるのも同様です。好きだった人でもいやになってしまうでしょう。自分がされていやなことは相手だって同じことです。

あくまでも前向きに、思考パターンを変えて、**彼は自分のことだけを愛しているとイメージングを実感するだけでいいのです。**

不倫や彼女のいる彼には

不倫や好きな相手に彼女がいてもむずかしく考えることはありません。『藤岡リナの開運成就恋愛法』なら、必ず成就できます。

不倫は世間的にはいけないことで、許されないことだと思われています。彼女のいる彼を好きになるのも同じことでしょう。

ですが、不倫が果たしてほんとうに悪いことなのでしょうか。不倫しているような人は、ある意味仮面夫婦を演じているのではないでしょうか。子どもがいるから別れられないとか、何か事情があって別れたくても別れられないとか。でも、心の中はとっくに奥さんとは離れてしまっているのです。その奥さんと縁を切ってあなたと結婚するのは悪いことではありません。

不倫がいけないのは、どっちつかずで関係をずるずるしてしまうことです。そんなことを続けているとオーラがにごってしまいます。そうならないように、早めに成就法をしてちゃんと結婚すればいいのです。

だからといって、「奥さんと早く別れてほしい」などと、言ったり思ったりしてはいけません。

「奥さんに新しい彼氏ができて幸せになってよかったね」

とイメージしてありありと実感して、まず奥さんを祝福してしまうのです。

だれ一人不幸な人をつくらないのが、『藤岡リナの開運成就恋愛法』の鉄則です。

彼に彼女がいる場合も同じです。

「彼女にいい人ができてよかったね」

と心から喜んでエールを送って、彼との縁を切るようにします。

子どもがいる場合は、その子どもが幸せになれるほうを自然に選ぶことになりますから心配はいりません。

祈祷をしてもらって強引に縁を切るとか、相手をのろって奪い取るとかいうことではなく、奥さんや彼女にもちょうどいい相手ができてしまうのです。

これなら、みんなが幸せになれるので、うらまれることもなく、だれからも文句はでないはずです。

引き寄せのルール

大好きな彼をイメージングして成就法をやっても、彼と成就しなかったらどうなるのかと思う人もいるかもしれません。

大丈夫です。何も心配することはありません。そういうときは、彼以上の男性を宇宙が連れて来てくれます。ですから、『藤岡リナの開運成就恋愛法』をきちんと指導どおりに行ってだめだったという例は一人としてないのです。

結婚して幸せというイメージを実感するので、必ず自分にとって最もふさわしい男性と結婚できるのです。

これはイメージングによって引き寄せのルールが起こってくるからです。

結婚できない人は、結婚したいんだけど、「でもね」とか「だけど」とか言っている人です。

結婚しているところをありありと実感できていれば、どんな人でも一〇〇％結婚できます。

結婚はしたいけど、仕事がおもしろいからとかいう気持ちがあるうちはだめです。結婚に対してマイナスなイメージがあるうちは成就がむずかしくなります。

「でもね」とか「だけど」とかいう否定的な思いが、深層心理に反映してしまいます。

「あなた、結婚したいって言ってるけど、ほんとうは『でもね』って思ってない？」

鑑定のときにたずねると、

「はい、でもいま仕事が楽しくて収入もいいんです」

なんていうことがあります。

そういう人は、ほんとうは結婚を望んでいないと思われてしまうので、なかなか成就できなくなります。

成就法をしたことで、ほんとうに自分が求めていたのは結婚ではなかったと気づく人もなかにはいます。結婚だけが人生ではありません。それはそれで、いい気づきがあったのですから、その人にとってはいいことです。

ただ、純粋に結婚を望んでいるのなら、「でもね」や「だけど」という思いは払拭することです。ひたすら、**彼と幸せな結婚をしている**イメージを実感すれば、引き寄せのルールによって必ず結婚できるのです。

実感したことはすべて実現できる

一日一時間三ヵ月で物事は達成します。でも、どう考えても無理なことをイメージしてもだめです。それは実感することができないから実現することもないのです。イメージングはいまの自分が実感できる範囲でしていきます。

一億円もない人が十億できてよかったと言ってみたところで実感できないでしょう。十億ほしいと思ったら、まず一千万円できてよかったと実感し、一千万円できたら五千万円というようにやっていけばいいのです。

潜在意識が実感したことはすべて実現できますから、自分なりの夢でいいわけです。恋愛に限らず、お金や仕事だって同じこと、実感することで実現できます。

月給が十五万円だとしたら、倍の三十万円を実感することはたやすいでしょう。そういうところからイメージを実感していけば現実のものとなってあらわれます。

これは五年ほど前のことです。私のところに色あせた服を着て疲れきった表情をした一人の女性が鑑定を受けに来ました。彼女は四十代後半で、離婚して子どもをかかえていましたが、パートで月収が二十万あるかないかの厳しい生活をしていました。

結婚したいと言って鑑定に来たのですが、彼女は結婚しても自分の手で稼いでお金持ちになりたいと言いました。しがないパートのおばさんがお金持ちになりたいと言ったのです。知らない人が聞いたら、まともには受け取らないかもしれません。

でも、彼女がお金持ちになりたいと言ったということは、潜在意識の中にすでにお金持ちになるというイメージがあるということです。私は彼女がイメージングしやすくするために、鑑定の中であらゆるアドバイスをしました。

イメージングをはじめてしばらくすると、彼女はパートをやめて化粧品のセールスレディになりました。

ここからが彼女のすごいところです。自分はお金持ちだという気持ちを実感するために、まず新聞紙を一万円札の大きさに百枚切って、それをお財布に入れました。

「私はいつも百万円持っている」

その豊かな気持ちを実感するためです。

ばかばかしいと思うかもしれませんが、その新聞紙をお札だと実感することができれば現実になるのです。

そればかりではなく、彼女は休日になると銀座の宝石店にでかけて行って一千万もするような指輪を堂々とさも買うようにつけてみたり、シャネルのブティックに行って五十万ぐらいのジャケットを試着してみたりしました。

「サイズがちょっと合わないから、また今度いただくわ」

買わずに店を出るのも慣れたもの。そういうことを平気でやってのける人でした。そんな高価なものとうてい自分には買えないとか無理などとは一切思いません。

そのうち、自分の脳が「五十万円のジャケットって意外に安いかもね」と思えるようになったと言います。

こうして彼女はお金持ちになった気分を実感することができるようになり、いつしかトップセールスレディになっていました。そしていま、彼女は年収六千万円という会社経営者になっています。

彼女のすごいところはイメージング力の強さです。お金持ちになったあとの自分を想像するだけでなく実際に体験することで実感力もついたのです。

もう一つ大切なのは、自分はできると信じることです。信じて潜在意識が実感すればそれは現実のものとなるのです。

将来、豪邸に住みたいと思うなら、住宅展示場にしょっちゅう行ってみるのもいいでしょう。車だって高級車の試乗をしてみるとか、さも買うふりをしてみるのです。そうした疑似体験が脳の潜在意識を活性化していきます。

ふつうの人は、お金ができたら家を買うために住宅展示場に行ったり、車に試乗したりします。でも、お金ができてからでは遅いのです。未来がどんどん遠のいていきます。

成就法では、具体的なプランを立ててはいけません。たとえば、いつまでに家を買うという計画を立てても、それまでにどうやって資金を調達しようと考え、「だめだ、やっぱり無理だ」となってはいけないのです。できない理由を考えてはならないのです。

不思議なことに、脳は過去・現在・未来の認識ができないといわれています。つまり、**私は幸せな結婚をしている**と実感したら、そうなるしかなくなるのです。

ですから、まったくなんの制限もつけないで、なったあとのことを実感するだけでいいのです。なったあとのことをするから、現実になるしかなくなるわけです。

成就法で生まれ変わる

恋愛が成就するということは、生まれ変わった自分が生まれ変わった彼と巡り逢うということです。その人が、別れた彼だったとしても、よりがもどるということではなく、結婚する彼はもう以前の彼とは別人なのです。

開運成就恋愛法をしている間はできる限り現実の彼と会わないほうがいいでしょう。自分から彼に会いたいと思うことで、夜のイメージングが台無しになってしまいます。毎日会っていても成就する人はしますが、会わないで自分のイメージを高めていくほうがやりやすいはずです。会えばどうしても現実の彼とイメージングの彼を比べてしまいます。「夜こんなにイメージングしているのに、彼ってちっとも変わってない」ということになるのです。ですから、彼には会わないで、イメージングの中の彼に浸っているほうがいいのです。

でも絶対に会ってはいけないということではありません。時間が空いたからちょっとお茶でも飲もうかぐらいならいいのです。ただ、気持ちがぐらつきそうな人は四ヵ月がまんして会わないようにしたほうがいいでしょう。

要は、自分から会いたいという気持ちになっていなければいいわけです。

彼と会わないでいる間に彼は理想の彼に生まれ変わります。そして、自分もその彼にふさわしいように生まれ変わります。

どうしても彼が変わらないときは別の彼が現れます。宇宙が、この人はきちんと変わりきれないと判断したときは、彼以上の男性を連れて来てくれます。

自分自身が毎晩宇宙とつながることで、宇宙が望みを全部叶えてくれるというところまで自分を高めるのです。

宇宙を神に譬《たと》える人もいますが、私は宇宙と神は違うと思っています。宇宙とは私たち人間が生まれてきた原点のようなものだと思います。宇宙があって地球があるのです。そして、私たちはこの地球にいま存在しているのです。

宇宙は私たちのすべてをお見通しです。宇宙とつながれば、どんな願いでも叶えられるのです。

ただし、だったらいいなぐらいの気持ちでは願望は叶いません。何度も言いますが、なったあとのことをイメージして実感することで、初めて現実になるのです。

『藤岡リナの開運成就恋愛法』では、ひどい別れ方をして音信不通になっていた元彼と成就した人もめずらしくありません。

また、一度も会ったことのないファンだったお笑いタレントと結婚したＯＬさんが二人います。実際に会って話をしたこともない相手であっても成就法をすれば結婚できるのです。

ただし、何月何日までに結婚するとかいうような具体的なプランを立ててはいけません。

日にちを決めてしまうと、それまでにできなかったらどうしようというプレッシャーになってしまいます。

開運成就恋愛法はあくまでも結婚したあとの生活をイメージして実感することだけです。

仕事でも同じことです。自動車販売会社では「今月は何台売るぞ」と目標を設定するでしょう。でも、できなかったらどうしようと営業マンはプレッシャーを感じるはずです。プレッシャーは潜在意識にもダメージを与えるので禁物です。

そんなときは、目標台数が売れたあとの自分に浸ることです。そうすることで、脳が快適な状態になります。百台も売れて上司にほめられて報奨金が出たとイメージして実感します。そのお金で海外旅行に行っている自分。そこまで考えると、願望達成の距離と時間が短縮されるのです。

鑑定ではすべてをさらけ出して

週に一回から十日に一回ずつ鑑定を続けていくうちに、イメージングの中の彼との生活がマンションから郊外の一戸建てに変わっていったりします。

そういう人はうまくイメージングできている例ですが、なかには六ヵ月間際になってまだ成就できない人もいるのです。なんでこの人は成就しないのかと思っていました。

「あなた、何か祈祷してもらったりしたことありますか？」

「いいえ」

「そう、じゃあ、これを持っていれば、彼女から彼を奪い取ることができるとか言われて何か買ったことはない？」

「はい、あります。彼女と別れさせてあげるからと言われて、占い師から買った置物があります」

「わかりました。原因はそれですね。そんな強引なやり方をしてはいけないと言ったはずです。あなたは、私が教えたように彼女の幸せを願わなかったのですか？」

「願いました」

「それなら、なぜ、そんな置物をいつまでも持っていたのですか？」

「……」

私は信じられない思いでした。

「こんなことをしていたら、いつまで経っても成就できませんよ。開運成就恋愛法をもうやめますか？」

「いいえ」

「それなら、すぐにその置物をテーブルの上に置いてください。遠隔で除霊しますから」

「はい」

私は霊視して、除霊しました。

「その置物はもう除霊しましたから、何かに包んで捨ててください。ほかにはもうありませんか？」

「はい。それだけです」

その置物を除霊してから、彼女はすぐに成就できました。

念で強引に相手を引き寄せるようなことをすると、なかなか成就できなくなります。

もし、祈祷師にお祓いをしてもらったお札があるとか、霊感商法で買わされた品物があるときは鑑定の前にそのことを申し出てください。すぐに除霊すれば、大丈夫です。

できるだけ早く自分のことをさらけ出して、こんなことまでというようなことでも言ってもらえれば、アドバイスの参考になります。

よその占い師や祈祷師のところで怖い思いをしているから言えないのかもしれませんが、私は従来の占いのおかしなところをなくして、明るく楽しく早く幸せになってほしいと願っています。そのために、どんなことでも言ってほしいのです。

何を食べたらいいでしょうかとか、どんな色の洋服を着たらいいかとか、アクセサリーは何がいいかとか、何でも相談してくる人はほんとうに早く成就します。

鑑定では彼との出会いと別れの意味についてもお話しします。どんなことも偶然ではなく、必然ですから、それなりにメッセージがあるのです。

第三章

恋愛成就言霊《ことだま》エクササイズで
ハッピーな毎日

昼間の意識が肝心

毎晩寝る前にするイメージングは、慣れれば誰でもできるようになります。大好きな彼に**情熱的に愛されている**というイメージングは、できるようになると楽しくてたまらなくなるはずです。

ところが困ったことに、昼間になると現実の彼から離れられなくなってしまう人がいます。「最近、彼からメールがこないけど、どうしたのかしら」とか、「忙しい、忙しいって言っているけど、浮気でもしてるんじゃないの」などと、現実の彼のことばかり考えてしまうのです。

これでは、せっかく夜のイメージングができていても台無しです。こんなことでは、とてもとても恋愛成就なんてできません。

そうはいっても、現実の彼から離れるのはむずかしいと思う人もいるでしょう。それでは、どうすれば現実の彼を忘れることができるのでしょうか。

もう一度、『藤岡リナの開運成就恋愛法』の基本に戻ってみてください。あなたがほんとうに結婚したい相手は、いまつき合っている現実の彼でしょうか？　なかなか結婚しようと言ってくれなかったり、結婚なんて考えてもいなかったり、けんか別れして離れてしまったりしている彼でしょうか?

答えはノーです。あなたが結婚したい相手は、あなたが毎晩イメージングしている、**あなたに夢中で情熱的に愛してくれる**理想の彼なのではないですか。あなたが思い描く理想の彼こそ、あなたがほんとうに結婚したいと願っている相手なのです。

ですから、あなたが結婚したい相手は現実の彼ではないということです。そのことをまずはしっかりと、心の奥底にインプットしてください。

そうすれば、現実の彼に振り回されることがなくなります。

言葉の持つ不思議な力

それでは、具体的にどのようにすれば、現実の彼を忘れることができるのでしょうか。彼のことを考えないようにしようとか、忘れようとか、そう思えば思うほど、考えてしまうものです。

ですから、無理をしてはいけません。もし、現実の彼のことを考えてしまったら、夜のイメージングの中の彼を鮮明に思い出すことです。

「君は僕の命だよ」

「愛しているよ」

「君がいなくちゃ生きていけない」

あなたのことが大好きで、あなたに夢中で、情熱的に求愛してくる彼。その彼のことだけを考えるのです。そうすれば迷いはなくなり、彼はあんなに私のことを愛してくれているのだという幸福感が得られるはずです。

「私は彼に死ぬほど愛されている」

「彼は私に夢中！」

「彼と結婚できた私は世界で一番幸せ！」

などと、声に出して言ってみるのもいいことなのです。言葉を声に出すことで、そのことが現実に近づいていきます。言葉にはなにか不思議な力があるようです。

これが言霊《ことだま》といわれるもので、広辞苑によると、言霊とは「言葉に宿っている不思議な霊威。古代、その力が働いて言葉通りの事象がもたらされると信じられた」とあります。

言霊はなにも昔の人だけが信じていた迷信でもなんでもありません。現代社会にも十分に通用することなのです。

こんな話を聞いたことがあります。

「きれいになったね」

「きれいだね」

と毎日言いつづけていると、言われたほうはすっかりその気になってどんどんきれいになっていくというのです。反対に、

「顔色が悪いわね」

「どこか悪いんじゃないの」

などと言われつづけると、しだいにほんとうの病人のようになってしまうそうです。

これは、知らず知らずのうちに潜在意識が言葉を受け止めているという証拠ではないでしょうか。潜在意識は認証の識別ができないといわれていますから、言葉をそのまま「現実」として認識してしまうのでしょう。

このように、人の気持ちは言葉一つで変わり、それが体調にまであらわれてしまうのです。そう思ったら、一つの言葉でもむやみに口にすることはできなくなります。

「あいつ仕事ができないよね」

と言ったら、「あいつ」の識別ができない潜在意識は、「あいつ」イコール「私」のことだと認識します。すると、私はだんだん仕事ができなくなってしまうのです。こうなると、怖くて軽々しく「あいつはね」などと、人をばかにしたようなことを言ったり、人の悪口なんて言えなくなります。反対に、

「あの人、仕事ができて有能ね」

などと人をほめたり、

「私はどんな仕事でもテキパキこなす」

など、プラス思考の言葉だけを使いつづけていれば良い結果が生じるということです。

恋愛成就言霊エクササイズ

ところで、自分に対してプラス思考の言葉を繰り返し語りかけることで、潜在意識に働きかけて自分の意識や心のあり方を変えていくというアファメーション（affirmation）という手法が知られています。

「私は……をした」

「私は……することができる」

「私は……になる」

などと、すべて肯定的に繰り返すのです。

たとえば、職場で苦手な上司がいたとしましょう。

「また、なにかいやみを言われるかもしれない。いやだな」

なんて、否定的に考えてはいけません。

「あの人は仕事のできる理想的な上司だ」

と何度も繰り返すのです。

そうすると、潜在意識は「理想的な上司だ」ということを認識し、あなたの気持ちもしだいに変化していき、気がつくと苦手だった上司が理想の上司に近づいていて職場環境がよくなったりするわけです。

アファメーションは必ずしも口に出して言わなくてはいけないということではなく、心の中で言うだけでもいいとされています。
○○大学に合格したいなら、「私は○○大学に合格した」と紙に書いてそれを持ち歩き、いつでも時間のあるときにその紙を見て繰り返し心の中で唱えるだけでも潜在意識に働きかけることができます。
ただ、言葉の持つ不思議な力を実感している私は、やはり口に出して表現するほうがよりよいのではないかと考えています。また、ほんの少しでもマイナスのイメージがあると、潜在意識はプラスよりマイナスのイメージを強く認識してしまうので、それを取り除かなければなりません。

そこで私は、アファメーションをもう一歩進化させ、潜在意識のマイナス要素を完全に取り除き、すべてプラス思考に変えていく『恋愛成就言霊エクササイズ』を独自に開発しました。

さて、ここでちょっと質問です。もしも、お財布に千円しか入っていなかったら、あなたならどう思うでしょう。

「これしかないや」と思いますか？

「こんなにある」と思いますか？

「これしかないや」と思うのはふつうの人です。いまどき千円では使いでがないので、そう思うのかもしれません。でも私は違います。

「わぁ千円もある。こんなにある。ありがとう」

声に出して、すごく喜んで感謝しちゃいます。

そうすると、潜在意識が私はお金を持っているのだと認識し、その日を境に次々にお金が入ってくるようになるのです。

ちなみに、「ありがとう」という感謝の言葉は人を幸せにし、自分も幸せになれるすばらしい波動を出しています。どんなときも感謝の気持ちを忘れずに「ありがとう」と言葉に出して言う習慣をつけるのも言霊エクササイズとしてお勧めです。

いつも穏やかな気持ちで感謝の心を忘れずに、どんなときでもどんなことが起こっても「このことがきっと良いことになる」と信じて、その状況を喜んでしまえば、もうそうなるしかないのです。

私は先日、突然、歯が痛くなっていてもたってもいられなくなり地獄の苦しみを味わいました。実は、最近少し肥ってしまった私は、数日前になにげなく「痩せるためなら歯が痛くなってもいいから、いっそ食べられなくなったほうがいいな」と言ってしまったのです。

歯が痛くなったとき、「あぁ、やっぱり言ったとおりになった」と思いました。でもすぐに、「歯が痛くなってよかった」と感謝して喜びました。歯の痛みはしばらく続きましたが、おかげで食欲がなくなって体重が落ちました。

こんなふうに、良いことも悪いことも思ったり言ったりしたとおりになってしまうのです。冗談で言ったことでも結果は同じです。

ということは、気持ちの持ち方を変えて、プラス思考の言葉を口にすることで夢が実現していくということです。

くどいようですが、「どうせ、私なんか」とか、「だって」とか、そういう口癖のある人は、いますぐ気持ちを切り替えて、直す努力をしてください。そんなマイナス思考は言霊エクササイズに禁物です。

「私はなんでもできる」

そう心から信じ、声に出して言ってみましょう。そして、どんなことがあっても言い訳をしないことです。

常に感謝の気持ちを持ち、心の底からプラス思考になって、やりたいこと、ほしいもの、なりたい自分を言葉に出して表現していくのが、藤岡リナ流の『恋愛成就言霊エクササイズ』なのです。

恋愛成就言霊エクササイズの実践

それでは、『恋愛成就言霊エクササイズ』を始めましょう。本来は鑑定したあとで、一人ひとりの状況に応じて恋愛成就言霊エクササイズを指導していきますが、ここでは一般的な方法についてお話しします。

恋愛成就言霊エクササイズは、いつどこで何回以上やらなくてはいけないなどという決まりはありません。ですから、いつでもどこでも好きなときに、**恋愛を成就させたい**という想いを込めてできるだけ声に出して表現してみましょう。

ただし、心おきなく恋愛成就言霊エクササイズを行うために、精神が穏やかでリラックスしている状態のときに行ってください。自然体でいることで潜在意識に想いがスーッと入りこみ、宇宙にスムーズに届くことで願いが叶います。

毎日時間を決めて、意識を集中させて行うのも効果的です。長く時間をかけるより一回五分ぐらいでいいでしょう。

＊エクササイズ①　鏡の前で＊

朝の洗面のときとか、お化粧をするときとか、夜の化粧落としのときとか、一日に何回か必ず鏡と向かい合う時間があると思います。そのとき、鏡の中の自分に、まずはニッコリとほほえんでみましょう。笑顔をつくることで楽しい気分になれるはずです。

それから、言霊エクササイズを行います。

「今日もとってもいい調子」
「お肌が白くて透きとおるよう」
「髪がツヤツヤ輝いてる」
「ウエストがキュッと細くなってナイスボディ」
「私はいつまでも若い」
「私はやさしくて素直でかわいい女性」
「ステキな出会いが待っている」
「彼に愛されてすごく幸せ」
「私の未来は無限大」

鏡の中の笑顔の自分を見ていると、次々に自分をほめる言葉が出てきたり、楽しいことやいいことがたくさん起こりそうな気持ちになったりしてきます。ほめることはとても大切で、ほめられた人はほめられたようになっていくのです。

ですから、自分のことといえども、きれいになったとかスタイルがよくなったとか性格がいいとか、ほめていればその言霊のとおりになっていきます。

心身ともに美しくなっていくことは、女性としての魅力を身につけることですから、恋愛成就への近道でもあるのです。

仕事でがんばりたいときや資格試験などが控えているときは、鏡の中の自分に向かって成功をイメージして宣言しましょう。


「プレゼンが成功して、大きな契約が取れた」

「今月の売上げが倍になった」

「新しい企画が通った」

「アメリカの大学に留学が決まった」

「書道の展覧会で特選を取った」

「教員試験に合格して、小学校の先生になった」

などなど。

「フライトアテンダントになって、世界を駆け巡っている」

「小児科医になって、難病の子どもを治療している」

「パティシエになった私がつくったケーキを食べてみんなが喜んでいる」

「彼のために毎日おいしいお料理をつくっている」

こんなふうに、将来なりたい自分をできるだけ具体的にイメージしてみるのもいいでしょう。

鏡の前でのスマイルを忘れずに。

＊エクササイズ② 書いて、描いて、声に出す＊

自分の笑顔を見ながら、鏡の前でする言霊エクササイズもいいのですが、紙に書いたり絵に描いたりしながら声に出していくことで、もっと理想に近づいていきます。

たとえば、日焼けして顔のシミが気になると思ったら、「私のお肌はシミ一つない」と紙に書いて、きれいなお肌になった自分をイメージしながら声に出します。絵が描けるときは、きれいになった自分の顔を描いてみると、いっそうイメージが膨らみます。

きれいなお肌になりたいと思うあなたは、イメージングしたり、言霊エクササイズをしながら、シミを取るための化粧品を使うなど、なんらかの具体的な方法を考えるはずです。イメージングや言葉がそれだけで終わることなく、行動に移ることで現実味をおびてくるのです。

「プール付きの洋館に住みたい」と思ったら、「プール付きの洋館に住んでいる」と紙に書いて、絵に描いて声に出して実感します。

「海の見える小高い丘の上に住んでいる」

「休日に、彼と家庭菜園をやっている」

「バリ島で彼とのんびり休暇を過ごしている」

「豪華客船で旅をしている」

「シャネルのスーツを着ている」

「フレンチレストランでフルコースのディナーを彼と楽しんでいる」

「ゴルフのコンペで優勝した」

「地域のためにボランティアをしている」

「家族みんなが健康で、仲良く楽しく暮らしている」


このように、想像しやすいものは絵に描いてみると、それだけでも楽しいものですから、その絵を見ながら声に出せば現実味をおびてくるはずです。


「どんな人にもやさしく接している」

「感謝の気持ちを忘れず、ありがとうと言っている」

「人をうらやんだり、ねたんだりしない」

「すぐにイライラしない」

「礼儀正しくしている」

「いつも素直な気持ちでいる」

「何があっても必ずいいことになると思っている」

など、精神的なことで絵に描くのがむずかしいものは、文字にして声に出してみましょう。マジックや毛筆で大きく書いてみるのもいいですし、ノートや携帯電話のメモ帳の中に思いついたときに書いていくのもいいでしょう。

小さめのノートや携帯電話なら、いつでも時間ができたときにそれを見ながら言霊エクササイズができるでしょう。

また、たとえば、人にやさしくするという気持ちをピンクやヴェールカラーなどの明るい色の絵具で抽象的に描いてみたり、いろいろな色の絵具や色鉛筆を使って感情を表現してみたりするのもおもしろいかもしれません。

描いた絵にスパンコールやラメなどを貼り付けてデコレーションしたり、理想の家のパンフレットを切り抜いたり、システムキッチンのパンフレットを切り抜いたり、自分で撮った景色などを貼り付けてコラージュにしてみるのも夢が広がります。

なんでもほしいものを具体的にイメージするのです。そのために、パンフレットや雑誌、新聞などを切り抜いたりしてみましょう。彼のいない人なら、好きなタレントの写真を貼ってみるのもいいでしょう。

「私はハンサムでやさしい彼と結婚している」

写真を見ながら、こんなふうに言葉にして実感してしまいましょう。そうすれば、必ずそういう彼に巡り逢い結婚できるようになります。

自分の心に訴える手法を用いて、言霊エクササイズをより効果的にしていきましょう。

＊エクササイズ③　目につくところに置いておく＊

なりたい自分のことを文字にしたり、絵に描いたり、コラージュなどにしたら、それをいつも目につくところに置くとか壁に貼るなどしてみましょう。

そのままにしておくよりも、目につくところに飾ると視覚に訴えてくるので、常になりたい自分が確認でき、潜在意識に浸透しやすくなります。

将来住みたい家を具体的にイメージするなら、住宅展示場に行ったりしてパンフレットをもらってきたり、インテリア関係の雑誌などを手元に置いて、いつもそれを見ながら、「私はこの家に住んでいる」と声に出して実感することです。とくに気に入ったものがあれば、切り抜いてコラージュにするのもいいでしょう。

乗ってみたい車があるなら、展示場に行って試乗したり、雑誌やパンフレットを集めたりすることです。そして、「私はこの車を持っている」と声に出して実感します。

いま一流になっているスポーツ選手の中には小さいころから、将来は「野球の選手になる」

とか「サッカー選手になる」とか公言していた人が少なからずいます。

また、子どものころから「僕は社長になる」と決意して、その決意を紙に大きく書いて部屋に貼り、「社長になる」「社長になる」と何度となく繰り返して、ほんとうに社長になったという人が多々います。

「社長になりたい」と思うとか、「社長になる」と口に出して言うというのは、すでに「社長になれる」素養があるということなのです。

結婚も同じです。「彼と結婚したい」と思うのは、彼と結婚できる可能性が十分にあるということです。

「私は彼と結婚して幸せな生活をしている」

それを鮮明に実感するために、文字にしたり、絵に描いたり、コラージュにしたりし、なおかつ声に出してみましょう。

どんなことでも成功している人は、なにかしらアファメーションをして、言霊の力に導かれているようです。

＊エクササイズ④　録音して繰り返し聞く＊

なりたい自分をイメージした言葉を声に出したら、それを録音しておいて繰り返し聞くのも一つの方法です。

「私の未来は無限に広がっている」

「私はどんなことでもできる」

「私は社長になって忙しく働いている」

「私は元気に毎日過ごしている」

「私は人を喜ばせる」

「私は彼に愛されている」

「私は地中海の別荘で彼とバカンスを過ごしている」

「私は彼と結婚して幸せに暮らしている」

録音した自分の声を聞くことで、想いが潜在意識に浸透します。その声を聞きながら、同じことを口にするのもいいでしょう。

朝、起きるのが苦手な人は、「もう、朝か。もっと寝たい」なんて思わないように、枕元にCDやカセットテープを置いておいて、目覚まし代わりに自分の声を聞いてみてはいかがでしょうか。

「今日も一日いい気分」

「ステキな人に出会えて幸せ」

「いいことばかりで、すっごく楽しい」

なんて、明るく元気な声が聞こえてきたら、

「そうだ、今日もいいことがあるに違いない」

と思えるのではないでしょうか。

少し寝ぼけてもうろうとしているぐらいのときのほうが、潜在意識に言葉が浸透しやすいといわれています。

「今日も一日いい気分」

「最高にすてきな一日」

などと声に出して言えば、言霊はさらに強く働きます。

＊エクササイズ⑤　人に話す＊

一人のときに声に出して、なりたい自分を表現するのも大切な言霊エクササイズですが、人に話してみるのも一つの方法です。

「僕はサッカー選手になる」

「僕は絶対に社長になる」

「私はバレリーナになる」

「私は歌手になる」

「私はお金持ちと結婚する」

なんて、子どものころ、将来なりたい自分のことを、親や兄弟や友だちなんかに公言していたような人はそのとおりの人生を送っている人が多くいます。

大人になると、こんなこと言ったら笑われるとか、ばかにされそうなどと思って、なかなか人前でこんなことは言えなくなってしまいます。でも、いつも口癖のように夢や希望を公言していると、もちろん、言霊が有効に働きます。

「お父さんは三年後にお前たちをハワイに連れて行くよ」

まだ、ハワイ旅行がめずらしかった昭和の時代に、子どもたちにそう宣言して約束を果たしたという人の話を聞いたことがあります。当時ハワイ旅行といえば庶民の憧れで、お金がかかる大変なことで手の届かないものでした。

小さな会社の経営者だったこの方は子どもたちに宣言したことで、いっそう仕事に励むようになり、約束を実行できるだけの経済力をつけられたのです。

先日、名古屋市長になられた元衆議院議員の河村たかし氏は、よくテレビに出演されていたのでご存知の方も多いと思います。

彼は「総理大臣になる」と口癖のように公言していましたが、なかなか二十人の推薦人が集まらずに党の代表になることもできませんでした。ですから、みんなから「また、おおぼら吹いて」みたいに思われていました。

ところが、気がついたら彼は衆議院議員を辞めて、名古屋という大都市の市長になっていたのです。こうなると、総理の座もまんざら夢ではないような気がしてくるから不思議です。

おそらく河村氏は、「総理大臣になる」と公言することで、自らの心を奮い立たせて政治家として、いま何をするべきか判断されたのでしょう。人に言うという行為は、自分に言い聞かせているのと同じことです。つまり、潜在意識の中にその言葉が浸透していくということです。

同様に「僕は必ず社長になる」「私はピアニストになる」などと周囲の人たちに、口癖のようにいつも言っていると、それだけでもやる気が出てきて、目標に向かって努力するようになるのではないでしょうか。

「僕はウルトラマンになる」と、子どもが言うのなら可愛いものですが、大人になってそんなことを言う人はいないでしょう。誰が考えても無理なことを公言すれば、「あの人、おかしいんじゃないの」と思われてしまいます。

ですが、たとえば、「僕は宇宙飛行士になる」というのなら、絶対にあり得ない無理なことではないのです。その言葉を聞いた人が「君ならできるよ」とか「がんばれよ」などと言ってくれたら、ますます本人はその気になって努力しようと思うはずです。

反対に、「無理、無理」などと否定的なことを言われたときは、耳をかさなければいいのです。

人に話すと、周囲からさまざまな反応が起こります。これもいい刺激になって、言霊エクササイズのプラスになります。

ですから、身近な人に自分の将来の希望や目標などを話してみるのも言霊エクササイズをより効果的にさせる手法なのです。

エクササイズ⑥　寝る前に

毎晩、寝る前に大の字になって**彼から愛されている**というイメージングをするときに、声に出して言霊エクササイズをするのもいいでしょう。

イメージングの中で、彼があなたに話しかけてくる言葉を口に出してみるのです。実際はあなたが自分で言っている言葉でも、あなたの耳もあなたの心もその言葉を彼の言葉として受け入れます。

彼の愛の言葉を聞くことで、ただ黙ってイメージングしている以上に、**彼から愛されているる**という実感がわいてくるはずです。

「愛してるよ」

「今日もきれいだね。すてきだよ」

「君は最高だ」

「君が望むなら、僕はどんなことでもするよ」
「僕を捨てないで」
「君なしでは生きていけない」
一方的にあなたに夢中で、あなたを追いかけてくる彼。そんなイメージングの中にどっぷりとつかって、彼の愛情を存分に受け入れましょう。

はじめは三十分のイメージングをするのが大変で、十五分ぐらいで寝てしまったというような人も、慣れると平気で一時間できるようになります。

簡単に言霊エクササイズをご紹介しましたが、言霊のパワーをより強力にするために、五感をフルに活用してみましょう。そして、常に前向きで良い言葉だけを口ぐせのように使うようにしましょう。そうすれば、必ず明るい未来が待っています。

『藤岡リナの開運成就恋愛法』は、成就間際になると、誰でもがプラス思考になり、恋愛だけでなく、金運も健康運も対人関係もすべてが良好になっていきます。

愛情に満たされて、すべてが良い環境になったときが、本物の成就といえるでしょう。

なお、ここで紹介した言霊エクササイズはほんの一部です。鑑定された方には、一人ひとりに適した言霊エクササイズをていねいにご指導いたします。

第四章

恋愛を成就させる
二十四時間の過ごし方

理想の彼と成就するために

私が主宰するハートティアラには、毎日さまざまな方が幸せな結婚を夢見て相談に来られます。

一人ひとり状況が異なり相談の内容が違いますから、『藤岡リナの開運成就恋愛法』ではイメージングや恋愛成就言霊エクササイズ、プラス思考になる方法、さらに栄養や美容に関することなど、あらゆる角度から、そのときその方に最も適した開運法をご指導いたします。

私の指導したとおりに、毎日『藤岡リナの開運成就恋愛法』を実践することで、どんな人でも遅くても半年後ぐらいには、開運成就して理想の彼と幸せな結婚ができるはずです。

それでは、どのように日々の生活をしていけばよいか、成就された一人の女性を例に挙げてお話ししてみましょう。

二十八歳の麻衣さんは、東京の大手企業の総務部に勤務しているごく普通のＯＬです。長野の実家を離れて、大学生のときから一人暮らしを始め、いまもワンルームマンションに住んでいます。

麻衣さんの悩みは、学生時代からつき合っていた彼が急な転勤で北京へ行ってしまったこと。「一緒に来てくれないか」と言われたのに、「中国語なんてまったくわからないし、そんなところへ行きたくない」と断わってしまったのです。

「あなたは仕事と私とどっちが大事なの」

「麻衣に決まってるじゃないか」

そんな彼の言葉を期待していた麻衣さんでしたが、現実はそんなに甘くはありませんでした。

「会社は俺を必要としている。中国はこれから一番大事な取引先になるんだ。なんで君はわかってくれないんだ」

結局、二人はけんか別れのようになってしまい、彼は一人で北京へ旅立ちました。

彼がいなくなってから、麻衣さんは抜け殻のようになってしまい、毎日ぼんやりして仕事にも身が入らなくなりました。いつも隣にいるのが当たり前だった人がいなくなったのですから、無理もありません。

「やっぱり、私には彼が必要。彼と結婚したい。でも、中国には行きたくないし……」

どうしようかと悩んだ末に麻衣さんは、ネットで『藤岡リナの開運成就恋愛法』に出会い、鑑定を受けることにしたのです。

「大丈夫ですよ、必ず彼と結婚できますからね。私の言うとおりにしてください」

麻衣さんのお話をうかがった私は、麻衣さんにふさわしい『開運成就恋愛法』の指導を開始しました。

一日のスタートに欠かせない言霊エクササイズと朝食

会社まで徒歩と電車で四十分ほどのところに住んでいる麻衣さんは、朝起きるのが大の苦手でいつもギリギリまで寝ている習慣がついていました。八時に起きて洗面をして、着替えてお化粧をして十五分ほどで家を飛び出します。なので、もちろん朝食は抜き。そんな生活が何年も続いていたのです。

朝食を摂らないというのは、典型的な若者のライフスタイルのようですが、朝しっかり食事をしないと健康にも美容にもよくありません。心身ともに健康でなければ、開運成就も望めません。

「朝、ぐずぐずいつまでも寝ているのはやめましょう。せめて、でかける一時間ぐらい前には起きて、しっかり朝食を摂って体調を整えてください。これは、『藤岡リナの開運成就恋愛法』の基本です。これぐらいのことができないようなら、おやめになったほうがいいですよ。できますか?」

「はい」

彼女の意思を確認した私は、朝の過ごし方からお話ししました。

朝、起きたら、まずは言霊エクササイズです。

「今日も気分は最高、いい調子」

「今日も可愛いね」

「私はとってもいい女」

とか、鏡に向かってニッコリ笑って、まずは自分をほめましょう。それから、

「今日もいい日になるよ」

「ラッキーなことが起こりそう」

「何から何までパーフェクト」

などと、言ってみましょう。男性でも同じです。

「今日もがんばっていい仕事をしよう」

「僕は何でもできるんだ」

自己肯定を強くすることです。笑顔で言霊エクササイズをやっていると、自然に楽しくなって最高の一日がスタートする気分になるでしょう。

洗面が済んだら、次は朝食です。最近、朝食を摂らない子どもが学校で授業に集中できないとか、じっと席に座っていられないとか、いらいらしやすいなどということが問題になっ

ていますが、大人も同じで朝食を摂らないと仕事の効率が悪くなり、将来的に健康にも悪い影響を及ぼすであろうといわれています。

そこで、朝食がいかに大切かを知るために朝食を摂るメリットをいくつか挙げてみましょう。

①脳の働きが活発になる

寝ている間に脳のエネルギーはかなり減少するので、起きたときの脳はエネルギーが不足しています。ですから、朝食で脳にエネルギーを与える必要があるのです。

朝食を抜くと、血液中のブドウ糖が不足して低血糖の状態になり、いらいらしたり、集中力がなくなったりします。

朝食を摂って、しっかり脳にエネルギーが補給されれば、脳の働きは活発になり、集中力や記憶力がよくなって仕事もはかどります。

②体温を上昇させる

朝食を摂ると代謝が高まり、からだが温まって体温が上昇します。体温の上昇は脳に刺激を与えてシャキッと元気にさせます。また、腸の活動も盛んになって便通がよくなります。

③栄養バランスがとれる

一日三食きちんと摂らないと、さまざまな弊害がでてきます。たとえば、朝食を抜くと一日に必要な栄養所要量を昼食や夕食だけで満たすのはむずかしくなってしまいます。長期にわたって栄養が不足すれば、体調を崩す要因になります。

また、痩せたいからと朝食を抜く人もいるようですが、朝食を抜くと昼食や夕食を摂りすぎたり、間食が増えたりしてかえって体重が増えてしまいます。食事の回数が少ない人ほど肥満度が高くなり、生活習慣病になりやすいそうです。

栄養バランスのとれた食事をすることが健康につながるのです。

④生活のリズムにはずみをつける

人には、日が昇れば目覚め、朝食を摂り、仕事をして、昼食を摂り、また仕事をし、日が沈めば仕事を終え、夕食を摂って眠りにつくという自然に即した一日の生活のリズムがあります。

ところが、夜遅くまで仕事をしたり、食事がまともに摂れなくなったり、睡眠不足になったりと、忙しい現代人はこのような自然な生き方ができにくくなっています。

しかし、だからこそ朝食を摂らなくてはいけないのです。朝食は一日の生活のリズムを作り出すために、最も必要な栄養補給源です。朝食を抜くと、それだけで生活のリズムが狂って体調を崩すようになってしまいます。

以上のようなことからも、朝食は大切だということがおわかりになると思います。

ですから、少なくともでかける一時間前には起きて、しっかり朝食を摂るようにしましょう。

運気を上げる朝食メニュー

「リナ先生、朝食はパンと紅茶だけでもいいですか?」

朝食の大切さがわかった麻衣さんからの質問です。

「何も食べないよりはいいけど、それだけではだめね。スープとか野菜サラダとか卵料理ぐらいは食べてほしいわね」

とくに土の中で育つニンジン、ダイコン、ゴボウ、ジャガイモ、タマネギなどの根菜類は、風水では二黒土星西南の運気があるとされ、朝食べると「根性がつく」といわれています。

近ごろ根気がないと感じるときとか、仕事や受験勉強などでがんばりたいときにはお勧めです。

何種類かの根菜類を同じ大きさに切って、ブイヨンで煮込むだけでも簡単でおいしいスープができます。ポテトサラダやマッシュポテト、ニンジンとオリーブオイルのサラダとか、きんぴらごぼう、里芋の煮付けなどはいかがでしょう。

また、ニンジン、トマト、カボチャ、ピーマン、ブロッコリー、ホウレンソウなどの緑黄色野菜は、ビタミン・ミネラル類やベータカロテンなどが豊富に含まれているので、栄養価が高くパワーをもらえる食品です。

ゆでたり、煮たり、炒めたり、メニューをいろいろ工夫してたくさん摂るようにしたいものです。

忙しくて朝つくるのが大変なときは、前日の夜つくっておくとか、時間のあるときに多めにつくって冷凍しておけば、朝は温めるだけでいただけます。

もう一つ、朝食に欠かせないのが卵料理です。卵やバナナのように黄色い食べ物は金運を呼び込みますから、朝食べると効果的なのです。

ホテルなどの朝食には、必ずといっていいほど卵料理がついています。オムレツにケチャップがかかり、ブロッコリーとかアスパラとかが付け合わせになっているとか、スクランブルエッグにベーコンやハムがついたりします。

風水では黄色は金運、赤は仕事運、緑は芸術系の才能とか感性をつける色とされています。ですから、ホテルの朝食は風水的にとても理にかなっているわけです。

食べ物によっても運気は変わりますから、そのときに必要な良い運気を取れるものを食べるようにしましょう。

今日は初対面の人と会うことになっているというときは、朝、そばやうどん、スパゲティなどの麺類を食べるといいでしょう。麺類のように長いものは、人との縁ができるといわれています。

営業成績を上げたいときにもお勧めですし、縁ができるということは、もちろん恋愛にも効果が期待できるということですから、合コンの前にスパゲティなどを食べていけば、すてきな人と縁ができるかもしれません。

朝、パンを食べたら、お昼は麺類にして、夜はご飯にするとかバラエティにとんだ食事を心がけると栄養バランスもよくなります。

それから、朝の果物は金で、昼は銀、夜は銅といわれていますから、果物を食べるなら朝食で季節のものをできるだけ摂るようにしましょう。整腸作用のあるヨーグルトなどもオリゴ糖と一緒に食べるといいのではないでしょうか。

「リナ先生、ありがとうございます。お休みの日にスープとかつくりだめをしてみます」

それからの麻衣さんは、朝食をしっかり摂るようになりました。

「私、結婚するんだ」

朝七時には起きるようになって朝食を摂るようになり、以前よりずっと体調がよくなった麻衣さんは、お弁当をつくるようになりました。

会社へもゆとりをもってでかけるようになり、精神的にも落ち着いてきたようです。

「リナ先生、夜のイメージングはできるようになったんですが、昼間、忙しいときはいいんですけど、ちょっと仕事が暇になると、彼から手紙もこないし、元気かなとかどうしているんだろうなんて考えてしまうんです」

「麻衣さん、現実の彼のことを考えてはだめですよ。あなたが結婚したい人は、イメージングの中の理想の彼だということを忘れていけません」

「そうでした」

「現実の彼のことを思い出しそうになったら、イメージングの中の理想の彼があなたに言った言葉とかを思い出すのです。そして、昨日もラブラブで幸せだったとか、声に出して言ってみると実感できますよ」

麻衣さんの場合、たまたま彼は遠くにいるので、現実の彼に会わずにいることができ、理想の彼だけに集中しやすい状況でした。

現実の彼がいつでも会えるところにいると、なかなかイメージングの中の理想の彼だけを見ることがむずかしくなります。なので、私は『藤岡リナの開運成就恋愛法』をやっているときは、できるだけ現実の彼と会わないようにと指導しています。

イメージングがきちんと実感できるようになると、昼間でもイメージングの中の彼のことしか浮かんでこないようになります。

イメージングがうまくできるようになったころ、麻衣さんから電話がありました。

「リナ先生、この間、お昼休みにランチをしながら会社の子に、『私、今年中に結婚するんだ』って言っちゃいました。みんな驚いて、『いつ？ 相手はどんな人？ 式場はどこ？』とかって、つっこんでくるんですよ。『まだ、タイミングが合わないから具体的には決まってないんだけどね』って言っておきました。でも、私のなかではもう彼と結婚しているって感じなんですよね」

「それでいいのよ。そんなふうに実感できれば、成就はもう目の前ですよ」

「楽しみです。イメージして実感するだけで彼と結婚できるなんて、うそみたいだけど私は信じます。いままでの私だったら、こんなこと絶対に会社の子に言ったりしなかったと思います。でも、いまは不思議なことに彼と結婚できるんだという確信があるんです。だから、言っちゃいました」

麻衣さんのように、イメージングしたことが実感できるようになると、実際に彼から電話やメールがこなくてもまったく気にならなくなり、会社の仲間や友だちなどに平気で「結婚するんだ」とか話してしまう人がたくさんいます。そうなれば、成就が近いということです。

「できなかったらどうしよう」

「やっぱり無理かもしれない」

「あんなこと言わなきゃよかった」

みたいなマイナスなことをちょっとでも思ったら、もうその時点でできなくなります。日頃から、「私は必ずできる」という強い思いで生活するようにしたいものです。

プラスに考えると楽しくなる

ある日、会社で麻衣さんは仕事でうっかりミスをしてしまい、そのことで課長に呼ばれました。

「何度言ったらわかるんだ。ボーッとしてるんじゃないよ」

「申し訳ありません。すぐにやり直します」

「こんな簡単なこと、小学生でもできるよ」

「はい」

「ほんとに君はいつもこうなんだから」

課長はネチネチと説教を続けました。

以前の麻衣さんはその課長のことがとても苦手で、いやでいやでたまりませんでした。だから、同僚たちといつも課長の悪口ざんまい。

「あそこまで言わなくてもいいのに」

「ほんと、なんであんなにしつこいんだろう」

「いやなやつだよね」

「転勤とかでどこかに行っちゃえばいいのにね」

「あれだから、万年課長なんだよね」

などと、みんなで言いたい放題でした。

ところが、『藤岡リナの開運成就恋愛法』をはじめてプラス思考になった麻衣さんは、課長に対していやだという思いを捨てさりました。

「私は彼に愛されてこんなに幸せだけど、この人は幸せじゃないんだな」

課長のことが可哀想に思えてくるほど心に余裕ができてきました。

「私のためにしかってくれてありがとうございます」

そう思うようにしました。

そして、理想の上司像を思い描くようにしたのです。

「麻衣、災難だったね。ほんとにあいつしつこくてうるさいよね」

席に戻ると同僚が話しかけてきました。

「私がうっかりしてたんだから怒られてもしかたないのよ。課長は私のために言ってくれたんだと思うよ」

ニッコリ笑いながら麻衣さんは言いました。

「どうしたの、麻衣。熱でもあるんじゃないの？」

いつもなら一緒になって課長の悪口を言っていたのが、課長をかばうようなことを言ったのですから、同僚が驚くのも無理はありません。麻衣さんはただ笑いながら、仕事に戻りました。

昼休みを待ちかねたように同僚が言いました。

「麻衣、どうかしちゃったの？　らしくないよ」

「私、どんなことでもプラスに考えることにしたんだ」

「なにそれ」

「だって、そのほうが楽しいよ」

「だからって、課長は別でしょ」

「そんなことないよ。課長だってそんな悪い人じゃないって」

「そうかな」

「そうだよ。絶対にプラスに考えたほうが楽しいって。やってごらんよ」

「そうか、そういえば最近の麻衣って、なんかいつも楽しそうだよね」

「でしょ」

麻衣さんがプラス思考で物事を考えられるようになると、不思議なことに職場の環境が少しずつ変わり始めました。

ちょっとしたミスをネチネチととがめていた課長がしつこく言わなくなったのです。そればかりではなく、しばらくすると課長は転勤でいなくなり、新たに赴任してきた課長は理想の上司というにふさわしい人だったのです。

職場の雰囲気がよくなって、麻衣さんは仕事が楽しくなりました。

自分磨きにお金をかける

仕事が終わると麻衣さんは、週に二回ネイルアートのスクールに通っています。資格を取っていつか小さくてもいいから自分でお店を持つのが彼女の夢なのです。

ハートティアラに初めて鑑定に来たころの麻衣さんは、彼のことばかりに気をとられていて、自分らしく生きようという姿勢が感じられませんでした。

「何か趣味はありますか?」

私がたずねても、これといった趣味もなく、彼がいたときには休日に一緒にドライブに行ったり、旅行に行ったりしていたとのことでした。

「興味があることとか、やってみたいこととかないんですか?」

「ネイルアートが好きなんで、自分でもできるようになれたらいいなって思ってるんですけど……」

「だったら、それをやってごらんなさい。彼にばかり依存しているような女性ははっきり言って魅力がないですよ。自分らしく生きることで、女性としても輝きますよ」

私のアドバイスのあと、麻衣さんはネイルアートのスクールに通い始めました。

「リナ先生、ネイルのスクールに入ってほんとによかったです。とっても楽しくて、毎晩、家でも練習してるぐらいです。それに、気の合う友だちもできたんですよ」

「それはよかったわね」

「この年で新しい友だちができるなんて思ってなかったんですけど。習い事って学生時代に戻ったみたいな感じでいいですね。来月からは中国語も習いに行こうかなって思ってるんです」

中国にいる彼のところへ行ってもいいと思うようになったのでしょう。中国語なんてわからないから、中国へは行きたくないと言っていた彼女が前向きになってきました。

意欲的に自分磨きをするようになった麻衣さんは、初めて鑑定に来られたときよりもずっと明るく元気になり、ステキな女性に変身していきました。

悩みを抱えているときは、だれかに助けてもらいたくて占い師を頼る人がいますが、占いだけではほんとうの問題解決にはならないのです。

「あなたは過去にこんなことがありましたね」

と言われて、過去のことが当たっていたとしても、それだけで未来のこともわかってそれが当たるとは言いきれません。

「今年は運勢がよくないから何もしないほうがいいですよ」

そう言われたからといって、じっとしているわけにもいきません。

「あなたはいい運勢をしているから、これからよくなりますよ」

こう言われれば、悪い気はしないでしょうが、いま、困って相談に来ている人には漠然とした言い方で、すぐの解決にはなりません。

占いで大殺界だった年でも、そんなことを気にせずにいた私にはまったく悪いことなど起こりませんでした。要は、気持ちの持ち方しだいなのではないでしょうか。悩んでいるときに占いをしてはいけないのです。

正負の法則というのがあると言う方もいますが、これも私はないと思っています。昔から日本ではなにかいいことがあると、悪いことが起こるに違いないみたいな考え方があるので、そのように思ってしまうのでしょう。

ですが、「いいことだけしか起こらない」と思っていると、ほんとうに「いいことだけしか起こらない」ものです。

ですから、占いなどに使うお金があったら、あらゆるジャンルの本を読んでみるとか、習い事をするとか、短期留学をしてみるとか、自分を磨くためにもっとお金を使ってほしいと思います。

常に自分を磨いている人は、女性でも男性でもみんな目がキラキラとしていて魅力的に見えるものです。魅力ある人の周りにはたくさんの人が集まってきます。良い運気はそういうところに流れてくるのです。

夜はリラックスしてイメージングに集中

仕事を終えて習い事や友だちに会う約束などのない日は、麻衣さんは夕食の買い物をしてまっすぐ家に帰ります。

家に着いたら、まずはうがいと手洗いをして、それから化粧を落とします。このときも鏡の前でニッコリ笑って言霊エクササイズを忘れません。

「今日も一日楽しかったね」

「明日はもっといい日になるよ」

次は夕食のしたくです。忙しいときはお惣菜を買ってくることもありますが、時間のあるときはちゃんとつくります。夕食もできるだけ野菜をたくさん摂るようにして、あとは肉か魚、それにスープとスパゲティとか、味噌汁にご飯とか。ただ、メニューが偏ってしまうので、お料理も習おうかと考えるようになりました。

食事のあと片づけが終わると、テレビを観たり、音楽を聴いたり、ネイルの勉強をしたり、本を読んだりして、それから九時半ごろお風呂に入ります。

午後十一時から翌朝三時までは、成長ホルモンとメラトニンが分泌される時間帯なので、その間は熟睡する必要があると聞いていたので、十一時には寝るようにしています。

二十分ほどでお風呂を出て、十時にはベッドに入り、大の字になってイメージングの開始です。

はじめのころは三十分のイメージングがなかなかできなくて、すぐに眠くなっていましたが、一ヵ月ぐらいでできるようになりました。それからは毎日一時間、イメージングをしています。

「**熱烈に私に愛の表現をしてくる**彼の姿や言葉がはっきりと実感できるので、毎晩、隣に彼がいるような幸せな気持ちになれるんです」

三ヵ月目ぐらいになると、麻衣さんはうれしそうにそう言いました。

「もうすぐ成就ですよ」

私は成就が近いことをお話ししました。

それから、しばらくして中国に行った彼から初めてメールがあったという報告がありました。でもそのとき、麻衣さんはすぐにはメールを返さなかったといいます。現実の彼から久しぶりにメールが来たからといって、喜んだりはしなかったのです。

なぜなら、彼は一方的に麻衣さんのことが好きで愛しているのですから、メールが来るのは当然のことだったからです。

メールを返さなかったら、彼は毎日のようにメールを送ってくるようになったといいます。それでも麻衣さんはなかなか返事をしませんでした。

そんなある日、麻衣さんから電話がありました。

「リナ先生、彼から来週一時帰国するって電話がありました。『あんなふうに別れてしまったけど、麻衣のことがどうしても忘れられないんだ』って言うんです。『結婚してほしい』って言われました」

「それで、なんて答えたの」

「『はい』って言いました」

「よかったわね」

「ありがとうございます。リナ先生のおかげです」

「正式に結婚が決まったら、一度事務所にいらしてくださいね。これからのことを鑑定しますから」

「はい。わかりました」

その後、婚約が整ったからと、麻衣さんはハートティアラの事務所に来られました。このとき、私は麻衣さんと彼の生年月日などから、結婚式の日取りや入籍や転居に良い日、旅行に良い方位などを占いました。

悩んでいるときに占いは必要ありませんが、成就して幸せになったら、よりハッピーになるために占うのが私のやり方です。幸せなのだから、わざわざ悪い方角へ行ったり、良くない日に結婚式を挙げたりしないほうがいいのです。

占ってみると、幸いなことに麻衣さんにとって彼の転勤先の北京は良い方位でした。

私の指導どおりにまじめに取り組んだ麻衣さんは、こうして理想の彼と成就して、北京で幸せに暮らしています。

風水をじょうずに活用する

私はあらゆる占いの勉強をしてきましたが、『藤岡リナの開運成就恋愛法』では、最近では全員に風水の家相診断をしています。

毎晩イメージングをしているのに、イメージングに集中できないような場合は、家の間取りを鑑定します。マンションなどで間取りを変えることがむずかしいときは、ベッドや机、ソファーなどの位置を変えるなどの指導をしています。また、室内のインテリアなどもその人のラッキーカラーを用いるようにします。

風水はやり方しだいで運命を変えることができますが、気の流れが変わるのに四年ぐらいかかります。これでは時間がかかりすぎます。ですが、風水にはいつも部屋の中をきれいにしておくとか、お花を飾るとよいとかいうように、誰にでもできて簡単に運気をよくする方法があります。

自然にそういうことができている人はよいのですが、お掃除が嫌いでお部屋の中がいつも雑然としているような人もなかにはいます。そんな状況ではいくら『藤岡リナの開運成就恋愛法』をやっても気の流れが悪いので開運できなくなってしまいます。

家の中は玄関も居間もベッドルームもキッチンもトイレも浴室もすべて、いつもきれいにしておくように心がけましょう。もちろん、洗濯物を溜め込むのもいけません。

観葉植物や切花は自然界からの良いエネルギーを与えてくれますから、お部屋に飾るとよいでしょう。ただし、枯れた花をいつまでも飾っておくのは逆効果です。いい気を取り入れるためには、常に生きのいいものを用いるようにしましょう。

また、恋愛にはピンクが効果的な色なので、カーテンや寝具、家具などのインテリアとか、部屋着やパジャマに使うとか、ガーベラやスイートピーのようなピンクの花やハート形のローズクォーツのような石を飾るのもよいでしょう。

もちろん、日常的にファッションに取り入れて、ピンクの下着やドレス、くつやバッグなどを身につけたり、メイクやネイルにもお勧めです。花柄やリボン柄などで、女性らしい雰囲気を出しましょう。

「どんな髪型がいいですか?」

「開運メイクを教えてください」

「アクセサリーは何がいいですか?」

などという質問もよく受けます。一人ひとり、ラッキーカラーが違いますから、その方に最もふさわしい髪型や開運メイクをお教えします。

「私の部屋はモノトーンで統一しています」

なかにはそういう方もいます。白黒などのモノトーンで統一すると、モダンで見た目にはステキなお部屋のようですが、風水的にはNGです。ピンクでなくとも明るいパステルカラーなどのインテリアがよいでしょう。

生活の中に風水をじょうずに取り入れると運気アップが望めます。

第五章

恋愛成就健康エクササイズで
美人になる

こころもからだも健康美人に

どんなことが起こっても何があっても、このことがきっと良いことになると思うと、気持ちが楽になるだけでなく、実際に良い結果に結びつきます。

私は以前、いつもより多めにお金が入ったお財布を落としてしまったことがあります。たまたま必要があって、銀行から下ろしたばかりのお金でした。

「あぁ、どうしよう。困ったな」、ふつうならそう思うところです。でも、そのとき私は「これが良いことになる」と、さっと気持ちを切り替えました。

落としてしまったお財布がでてくる可能性は低いでしょう。それなら、「なんで落としてしまったのだろう」とか「どうしよう」などと、いつまで思っていてもしかたがありません。そんなことをしていても事態が変わるわけではなく、良いことは何一つないのです。

「次はもっとお金の入るお財布が買えてよかった」

そこで私は、そう実感して、落としたことを心から喜びました。私が大金持ちになるために、もっといいお財布を買うために、あのお財布はなくなったのだと考えたのです。

思ったとおり、新しいお財布を買うと、どんどんお金が入るようになりました。

プラス思考で暮らしていると、こんなふうに一見悪いことのように思えることでも良いことに転換できるのです。

ですが、私がプラス思考でいられるのは、いつも元気で健康だからです。もし、ぐったりするほど体調がよくないときに、大金の入ったお財布を落としてしまったら、「これが良いことになる」などと考えることはできなかったでしょう。

つまり、健康でなければプラス思考でいるのはむずかしいということなのです。

もちろん、プラス思考でなければ、『藤岡リナの開運成就恋愛法』で成就することは望めません。

では、病気のある人や体調のよくない人は成就できないのでしょうか。

いえいえ、そんなことはありません。

事実、肉体的な病気を持つ人ばかりでなく、うつ病などの精神的な疾患のある人も、多くの方が成就して幸せになっています。

鑑定していくなかで、あまりにも健康状態が悪いと判断した場合は、まず『開運成就健康法』で速やかに改善させます。

また、いつも「だって」「どうせ私なんか」「できっこない」などというような口癖や思いぐせのある人には、そうしたマイナス思考を取り除いていく方法をわかりやすく伝授いたします。

私が一人ひとりの健康状態に合わせて考案する『恋愛成就健康エクササイズ』は、体調を整え、脳を活性化させます。とくに女性には、健康面だけでなく美容面にまで及ぶ指導をしますので、心身ともに美人になれます。

心もからだも健康で美しくなると、自分に自信が持てるようになり、プラス思考が全開になります。そうなれば、恋愛成就に向けて一直線に突き進んでいくことができるのです。

健康で元気な自分を実感する

健康に不安があると、夜、**彼に愛されている**というイメージングをしてもなかなかうまく実感することができません。からだが痛かったりすると、イメージングに集中できなくなってしまうのです。

そういう人には、すぐに健康になって元気になった自分をイメージしてみましょうと言ってもむずかしいので、まずは徐々に健康になりつつある自分をイメージしてもらいます。

「私は少しずつ健康を取り戻している」

「足の痛みがやわらいできた」

「頭痛が治りつつある」

などとイメージングして、実感します。その際、どこか痛いところがあってつらくても、「なんで、こんなに痛いのだろう」とか、「どうして、こんな病気になってしまったのだろう」とか、病気になって「いやだ」という思いをなくすことです。

たしかに、痛いのはつらくて苦しくていやなことに違いありません。病気になったことも痛みがあることも、そうなったことをすべて喜びましょうと言っても、なかなか簡単にはできないでしょう。

ですが、病気になったことにもそれなりの理由があるはずです。不規則な食事をしていた、運動不足、ストレスを溜め過ぎたなど、自分の不摂生や周囲の環境が原因のこともあります。不注意や突発的な事故でケガをすることもあります。また、先天的になんらかの病気や障害を持っている人もいます。

病気やケガや障害は決してうれしいものではありませんが、そのことによって私たちは何かを教えられているのではないでしょうか。

たとえば、うっかり包丁で人差し指の先を切ってしまったとしましょう。傷口はほんの数ミリでも血が出てヒリヒリ痛みます。すぐに応急処置をしても、台所仕事をするときには違和感があっていつもどおりにはいきません。

この程度のことでも私たちはふつうに生活できる幸せを感じることができるのです。これが、交通事故で足を骨折したりして、何ヵ月もリハビリをしたり松葉杖を使わなくてはならなかったりしたら、どんなにかふつうの生活が恋しくなることでしょう。

そして、同時にそれまで足の不自由な人を見ても何も感じなかった人でも、自分がその立場になれば、どれだけ大変な思いをしているか、人の痛みが身にしみてわかるはずです。

人の痛みがわかるようになれば、人にやさしく親切になれるでしょう。自分にはそういう気持ちが足りなかったと思えるようになれば、人として成長できたということです。人を愛することができれば、おのずと自分も人から愛されるようになるのです。

ですから、病気になったときはあれこれ心配しないで、「忙しすぎたから少し休みなさい」という宇宙からのごほうびかもしれないぐらいの気持ちを持つことです。そして、「何か教えてもらえるんだ」と喜んでしまいましょう。

さて、少しずつ病気が治りつつあるというイメージングが実感できるようになって、実際に健康を回復し始めたと思えるようになったら、次はすっかり治って元気になった自分を実感していきます。

「私は元気になって、大好きなテニスをしている」

「もう、どこも痛いところはない。バリバリ仕事ができて幸せだ」

「松葉杖がなくてもちゃんと歩けて、走ることもできる」

病気やケガが治ってからのことをイメージングして実感することで、それが現実になっていくのです。

健康成就法で、実感すれば病気も治る

イメージングを実感して健康を改善した良い例があります。

数ヵ月ほど前、がんの治療のために入院していた私の母が退院してきました。八十歳近くになる母は、病院での生活が長くなったため体力も筋肉も衰えてしまい、退院してきてもまともに歩くことができず、杖をついてヨロヨロしていました。

病院からは毎日必ず服用するようにと、大量の抗がん剤が出されていました。抗がん剤は免疫力を落とすといわれています。がんに効果があるとしても、高齢の母の免疫力が落ちてはたいへんです。それに、抗がん剤なんか飲まなくたって母は必ず治るという自信が私にはありました。

「お母さん、抗がん剤は飲まなくていいわよ」

「えっ、病院でもらった薬全部やめちゃっていいの?」

母は心配そうに私の顔を見つめました。

「抗がん剤を飲まなくてもお母さんは治るんだから、やめていいのよ」

それから、私は母にがんが治ったイメージングの仕方を教え、毎日それを実感するように

してもらいました。それと同時に、私も母のがんが治るイメージングをして、母へパワーを送りつづけました。

はじめのうちこそ、母は薬を飲まないことに不安を覚えていたようですが、毎日続けることで、がんが治ったというイメージングがスムーズにできるようになり、実感できるようになっていきました。

そしていまでは、母はすっかり健康を取り戻して、一人でどこへでもでかけて行くし、食事も好きなものが食べられるようになりました。

「イメージングを実感するだけで、抗がん剤も飲まないで、こんなによくなるなんて信じられないようだね。ありがとう」

「お母さん、イメージングで宇宙とつながれば、叶わない望みなんてないのよ」

「そうだね」

母だけでなく、『藤岡リナの開運成就健康法』で病気がよくなった例はいくつもあります。シンプルに宇宙とつながったとき、誰でも宇宙からのすばらしいパワーを受け取ることができるのです。

食事は健康の基本

　ところで、どこかが悪いわけでもないのに、イメージングに集中できないという人がいます。そういう人は、電話の声を聞いただけでも、パワーが落ちているのがわかります。

「食事はちゃんとしていますか？　朝ご飯は食べてるの？」

「朝はいつも食べないんです」

　思ったとおりの答えです。

「三食きちんと食べなくちゃだめですよ。とくに朝食は絶対に抜いてはだめ。朝食べないと、脳がうまく働かないから、昼間生あくびがでたり、だるかったりするんですよ。そうじゃないですか？」

「はい、そうかもしれません」

「お昼は何を食べてるの？」

「ハンバーガーとフライドポテトとコーラとか」

　おもいきり、ジャンクフードです。

「夕食は？」

「つくるのが面倒なんで、外食だったり、カップ麺とかを食べたりしてます。あと、スナック菓子ですませることもあります」

二十代の女の子だとはいえ、これではあまりにもひどすぎます。私はあきれてちょっと絶句しそうになりました。こんな食生活をしていたのでは、開運成就などできるはずがありません。

「食事で栄養をきちんと摂らないと健康によくないだけじゃなくて、脳の働きも悪くなって集中力もなくなります。それに、美容にもよくありません。まだ、若いからと思っていても、いまのような食生活を続けていたら、そのうちお肌にもダメージがでてきますよ」

「はい」

「そうならないためにも、食事はちゃんとしてくださいね」

そこで私は、一から食事指導をすることになります。基本の食事はビタミン、ミネラルと良質タンパク質を毎回摂ることです。

大豆、肉、魚などの良質タンパク質は、たとえば朝は卵、昼は肉、夜は魚や豆腐などとバランスよく摂りましょう。朝食にはビタミン豊富なフルーツを添え、中華料理やイタリアンなどカロリーが高めのものは昼食で摂るようにして、夕食は軽めに野菜と豆腐とかしゃぶしゃぶ、シーフード系のものなどのタンパク質を多くして炭水化物や脂肪は控えたほうがいいでしょう。

脳を活性化させる運動

脳を活性化させるには食事だけではなく、運動も大切です。

「スポーツは何かやってるの？」

「いいえ、とくにやってません」

「そう、少しはからだを動かしたほうがいいですね。昼間、事務のお仕事だと一日中デスクワークでしょ。わざわざジムとかに通わなくても、休み時間に簡単なストレッチをするとか、朝、四十分ぐらいウォーキングをするといいですよ」

ふだんスポーツをしていないという人に、ジムでのトレーニングとかジョギングはむずかしいでしょう。そこで、私は手軽にできるウォーキングを勧めるようにしています。ウォーキングは老若男女、だれでもができる効果的な運動です。

ここで、ウォーキングのメリットをいくつか紹介しておきましょう。

①脳の働きが良くなる

有酸素運動なので、歩くことで酸素を大量に体内に取り入れることになり、それによって脳の働きが活発になります。

②動脈硬化の予防になる

悪玉コレステロールが減少して善玉コレステロールが増えるので、動脈硬化の予防になります。

③生活習慣病を予防し老化を防ぐ

血液の循環が良くなり、血圧の上昇を抑えるので、生活習慣病を予防し老化を防ぎます。

④肥満を解消する

エネルギーを消費するので、肥満の解消になります。

⑤骨そしょう症の予防になる

骨をつくる骨芽細胞の働きを活性化するので、骨そしょう症の予防になります。

⑥ストレス軽減になる

全身の血流が良くなることで、自律神経の調節がうまくできるようになり、ストレスの影響を受けにくくなります。

ウォーキングは、朝の陽射しを浴びながら良い空気を吸って四十分ほどすることで、とても体調がよくなります。

「朝は時間がないので、夜やってもいいですか？」という質問を受けることがありますが、夜は町に邪気が入るので良い気が取れません。また、女性が一人で夜歩くのはぶっそうなのでお勧めできません。

私も毎朝ウォーキングをしていますが、習慣になると歩くことが楽しくなり、逆に朝ウォーキングをしないとなんとなくその日一日物足りないような気分になってしまいます。

毎朝歩いていると、小鳥の鳴き声や蝉の声、路傍に咲く小さな草花や街路樹などに季節の移ろいを感じることができます。犬の散歩をしている人やお年寄りとも顔見知りになったりします。

このように、メリットがたくさんあるウォーキングですから、ぜひみなさんもほんの少し早起きをしてやってみてください。

ウォーキングはちょっと苦手だという方は、せめてテレビ体操をしてみるとか、ヨガや水泳、ダンスなどを楽しみながら無理にならない程度にするとよいでしょう。

スポーツはいつもしているという方は、静かに読書をするとか、良い音楽を聴いたりする時間を持つことで脳が活性化されます。失恋の曲とか悲しい曲はできるだけ聴かないほうがいいでしょう。

その他にもいろいろなことに興味を持って挑戦すると、老化予防にもつながります。

睡眠は健康の源

健康を維持するためにはよい睡眠をとることも欠かせません。みなさんはどれぐらい睡眠をとっているでしょう。

毎日、八時間寝ているから大丈夫だと思っていませんか。睡眠時間は八時間とるのが良いというのが常識になっていますが、驚いたことにこれには科学的根拠がないといわれています。

私たちは寝ている間、深い眠りのノンレム睡眠と浅い眠りのレム睡眠を繰り返しています。眠りはじめはノンレム睡眠になることが多く、この状態の眠りが大切なのです。

また、睡眠中には成長ホルモンが分泌されますが、これは眠ってから最初の深い眠りに入ったときに最も多く分泌されるそうです。よく中学生ぐらいの男の子が一晩で十センチも身長が伸びたとかいうことがありますが、これはまさに寝ている間の出来事なのです。

具体的には、夜十一時ごろから翌朝の三時ごろぐらいまでの間に、成長ホルモンが活発に分泌されるそうです。ですから、美容のためにも夜は遅くても十一時には就寝したいものです。

ところで、三時間しか寝ていなくてもとっても元気で行動的な人もいれば、九時間寝ないとしゃんとしないという人もいますし、長く寝ているのに疲れがとれなくてなんとなくだるいという人もいます。

睡眠時間には、このように個人差がありますので一概に何時間寝なくてはいけないなどとはいえないのです。

重要なことは、何時間眠るかではなく、どれだけよい睡眠をとるかなのです。ということは、深い眠りのノンレム睡眠を効率よくとれば、短時間の睡眠でも疲労回復に効果がありよい眠りになるということです。

睡眠が十分にとれていないと、脳の機能も低下して自律神経やホルモンのバランスが乱れ、集中力がなくなりストレスにも弱くなってしまいます。そうなると、体調が悪くなり、うつ病の要因になることもあるといわれています。

自分に合った睡眠時間を知って、規則正しい生活をしていくことで健康も美容も保たれるのです。

健康で美しければ、どんなことでもできるでしょう。もちろん、恋愛成就への近道でもあります。

笑う健康美人エクササイズ

あなたは最近、よく笑っていますか?

「そういえば、あんまり笑ってないかも」

「べつにおもしろいこともないから笑えない」

こんなふうに答えたあなたは少しマイナス思考になっているようです。

仕事が忙しくて疲れていたり、心に悩みがあったりすると、私たちはつい笑いを忘れてしまいます。でも、笑うこともなく落ち込んで疲れきっていたら、ストレスが溜まってついには病気になってしまいます。

そんなことにならないためにも、笑いは大切です。笑えるような気持ちのゆとりとプラス思考を持つことが必要なのです。

『藤岡リナの開運成就恋愛法』を一ヵ月以上まじめにやっている人は、よく笑っているはずです。それだけ、考え方がポジティブになって、毎日が楽しくなっているのです。

どうしても笑えないときは、漫才でも落語でもコメディでもなにか楽しいものを観たり聞いたりしてみましょう。そうすれば、笑顔になれるのではないでしょうか。鏡の前で笑顔の練習をするのもお勧めです。

笑顔の人を見ていやだなと思う人はいないでしょう。赤ちゃんの笑い顔などは、見ているだけでこちらも笑顔になり癒されるものです。いつもにこやかに笑みを絶やさない人は誰からも愛されます。

人から愛されていると、幸せのオーラがからだに満ちてくるので、もちろん、大好きな彼からも愛されるようになるのです。

それればかりでなく、笑いは健康にもよいということが、医学的にも証明されはじめています。

アメリカの有名なジャーナリストが治る確率が五百分の一という難病にかかったとき、痛みをこらえて声に出して十分間大笑いしました。すると、二時間ぐっすり眠れ、それを繰返しているうちに病気が完治したのです。彼はこれを本にして出版、それがきっかけで笑いの研究がされるようになったといいます。

日本でも笑いの研究が進められ、がんの患者さんが喜劇を観て大笑いした結果、がん細胞を攻撃するナチュラルキラー細胞（ＮＫ細胞）が増えたという実験結果があります。

また、リウマチの患者さんに一時間落語を聞いて笑ってもらったら、鎮痛剤を使っていたのに大半の人がその後三週間、鎮痛剤がいらなくなったという報告もあります。その際、血液のデータにも良い結果が顕著にあらわれたということです。

笑うことによってリラックスし、アルファ波も出てきますし、免疫力が高まるといわれています。さらに心を楽しくする脳内物質のセラトニンやドーパミンが盛んに分泌され、性ホルモンや若返りホルモンも分泌されるそうです。

私のところには中高年の方もお見えになりますが、『藤岡リナの開運成就恋愛法』をきちんとやられて成就された方は、みなさん実年齢よりは十歳は若く見えます。それは、心底プラス思考になっているからにほかなりません。

「どんなことも必ず良いことになる」というプラス思考を持っていれば、何が起こっても前向きに対処していかれます。そうなれば、毎日が楽しくてしかたがないはずです。楽しければ、人は笑顔になります。笑顔は周りの人も楽しくさせ、みんなを幸せにします。

苦しいときやつらいとき、無理にでも笑顔の練習をしたり、つくり笑いをしたりしてみてください。それでも効果が期待できるといいますから、とにかく笑いを日常生活の中にしっかりと定着させて笑顔美人になりましょう。

笑顔は恋愛成就への第一歩です。

美容のための言霊エクササイズ

ハートティアラに鑑定を受けに来られる方は圧倒的に女性が多いので、なかには容姿のことをとても気にしている方もいます。

「私は一重まぶたでジミな顔立ちなんで、化粧映えもしないし、自分に自信が持てないんです」

彼女は二重で目がパッチリしている人だけが美人だと思い込んでいるようで、そういう人がうらやましいらしいのです。

「そんなことで悩んでどうするの。二重にしたければ、整形しなくても簡単にできる方法もありますし、お化粧の仕方だって、私が教えてあげますよ」

「ほんとうですか？」

「でもね、そんなことより誰かと自分を比べるのはやめたほうがいいですね。人は人、自分は自分です。みんなそれぞれ個性があって、違うからいいんじゃないかしら。あなたらしく、美しく輝ける方法を一緒に考えましょう」

彼女はあまりお化粧もしないようでしたので、私はまず、彼女にお化粧の仕方を教えました。そして、しっかりお化粧した自分の顔を鏡に映して、言霊エクササイズをするように指導しました。

「私は美人で魅力的」

「私はいつも輝いている」

「私の笑顔は世界一」

このようにコンプレックスを消していくような言霊エクササイズをすることで、自分を好きになって自信を持つことができるのです。

お化粧の仕方をマスターしてからの彼女は言霊エクササイズも欠かさず行い、みるみるうちに別人のように美しくなって自信に満ち溢れ、恋愛成就して幸せになりました。

うまくダイエットできなくて悩んでいる人もたくさんいます。

「リナ先生、痩せたいんですけど、何度ダイエットしてもリバウンドしてしまうんです。私、食べることが大好きでがまんできなくなっちゃうんです。こんなんじゃ、彼と結婚できませんよね」

「そうですね。それなら、痩せてきれいになった自分をイメージングして実感してごらんなさい。それをやりながら、ダイエットすれば良い結果が出ますよ」

「わかりました。やってみます」

「でもね、彼と結婚できないなんて思っているうちは絶対に成就できませんからね。いつもプラス思考ですよ」

「はい」

彼女はイメージングをしながら真剣にダイエットに取り組むようになり、合わせて言霊エクササイズを行いました。

「私は美しく痩せている」

「メリハリボディでスタイル抜群」

「すっきり痩せてどんな服でもすてきに着られる」

痩せて美しくなった自分をイメージして言葉にすることで、彼女はすっかりその気になっていきました。そしてそれまで、リバウンドして失敗つづきだったダイエットにやっと成功したのです。

ダイエット法については、食べても痩せられる方法などを私がアドバイスし、彼女はそれを実行しました。

中高年の女性からは若返りによい方法はないかとの相談を受けることもあります。

「最近、シワやたるみが気になりはじめたんですけど、シワやたるみを取るなにか良い方法はないでしょうか？」

「年とともにシミが出てきて困ってるんです」

「髪の毛が薄くなってきたみたいなんです」

「いつの間にかすっかり体型が崩れてしまって、若いときに戻りたい」

このような方たちは、化粧落としのときなどに、鏡の前で声に出して言霊エクササイズをしましょう。

「一日一日肌の状態がよくなっている」

です。

「髪にボリュームがでてきた」

「からだが引き締まってきた」

それと同時に、若々しくてきれいになった理想の自分の姿をイメージングすることも大切です。

『開運成就健康法』を毎日していたら、たまたまとても良い美容外科に巡り逢うことができたという方がいます。

このように、こうしたいと思ったとき、偶然、向こうから飛び込んでくるような状況を「シンクロニシティ」といいますが、イメージングを実感しているとそのとおりになっていくのです。

健康を維持するためには、食事、運動、睡眠、イメージング、言霊エクササイズなどのほかに、場合によってはサプリメントも必要になります。

基本的なサプリメントはビタミンC、EとコエンザイムQ10ですが、一人ひとりのそのときの状態に合わせて必要なものをチョイスしてご紹介します。

五十代以上の方もたくさん鑑定においでになりますが、『藤岡リナの開運成就恋愛法』をまじめに行った方は心身ともに若々しくなられ、恋愛成就されて幸せな人生を送っています。

『藤岡リナの開運成就恋愛法』で成就すると、相手は男性であれ女性であれ、あなたに夢中なので、結婚してからも決して浮気をしません。むしろ、あなたがうっとうしくなるぐらいあなたにべったりだったりします。

こんな幸せを、ぜひあなたも体験してみてください。

恋愛成就と健康に効果のある入浴法

のんびりお風呂につかると、一日の疲れがスーッととれていく気がします。適度な温度での入浴はそれだけでも疲労回復効果があるようです。

そんなバスタイムに、恋愛成就を祈願していたころの私は、よくロゼワインを持ち込みました。ピンクは恋愛に効果のある色なので、食事のときにもロゼワインを飲んでいましたが、お風呂にも同じワインを入れていたのです。

バスタブにロゼワインをそそぐと、ほんのりうすいピンク色のお湯になります。その中にからだを沈めているだけで、ピンク色から出る愛の波動が伝わってきて、とっても楽しく幸せな気分になれます。そのうえ、お風呂上りにはお肌もしっとりとしてくるので、美容にもいいようです。

ロゼワインは高価なものを買う必要はなく、お手頃な価格のもので十分です。また、お湯に色がつくぐらい入れればいいので、一本使う必要はありません。手軽にできて恋愛成就に効果のある入浴法です。

また、恋愛成就に効果があるローズクォーツなどのパワーストーンをお湯に入れて一緒に入浴すると、石のパワーを全身に受けることができるでしょう。

仕事がハードだったりして、疲れてストレスが溜まっているようなときは、アロマオイルなどをお湯に入れると、香りによるリラックス効果が期待できます。リラックスしたいときはラベンダーがいいといわれていますが、香りは好きずきがあるので、自分が気に入った香りのものを使うといいでしょう。

仕事でミスをしたとか、友だちとけんかをしてしまったとか、なにかいやなことがあったときや、満員電車の中のように人ごみの中にいたとかいうときは、あら塩をお湯の中に入れてみましょう。

塩は厄落としの効果があるといわれていますので、からだの中から悪い気が抜けていくことでしょう。

お湯に入れなくても、直接からだに塩を振りかけてシャワーをあびるだけでも厄落としの効果はあります。

その際に使う塩は、食塩ではなくあら塩を用いてください。また、塩をお湯に入れるときは少なめでいいので、くれぐれも入れすぎないようにしましょう。

良い運気をもらうためには、バスルームもいつも清潔にしておく必要があります。湿気の多い場所ですから、こまめに換気をするようにして、カビがはえたりしないように心がけましょう。

プラス思考で恋愛成就

ところで、あなたはなにか物事がうまくいき始めると、不安になることはないでしょうか？

「こんなに、何もかもうまくいくはずはない」

「良いことが続いたから、そろそろなにか悪いことが起こるに違いない」

そう思っていると、うっかりドアに指を挟んでしまったり、転んで足をすりむいてしまったり、乗りたかった急行電車が一足違いで出てしまったり、そんなささいなことでも気になってしまいます。

「やっぱりね。もっと悪いことが起こるかもしれない。どうしよう……」

不幸ぐせのついている人は、そうやってわざわざ問題を見つけては不安になって、勝手に落ち込んでいきます。

そんな心の根底には、子どものころから大人に否定されつづけてきた苦い経験があるのではないかと思います。

たとえば、

「僕、宇宙飛行士になりたい」

日頃、勉強が得意でない小学生の子どもが、日本人宇宙飛行士の活躍を見てその仕事に興味を持ち、自分も将来宇宙飛行士になりたいと親や先生に話したとしましょう。

「宇宙飛行士だって？　宇宙飛行士になるのがどれだけ大変なことか知ってるのか。頭がよくて体力がなくちゃなれないんだぞ。お前がなれるはずないじゃないか」

「君が宇宙飛行士になりたいって？　無理でしょう」

こころない親や先生は頭ごなしに否定します。

小学生のときに勉強が苦手だからといって、その子が宇宙飛行士になれないなんて、どうして言いきれるのでしょう。

「すごいじゃないか。でも、宇宙飛行士になるなら、もっといろんなことを勉強しないといけないね」

親なら、教師なら、それくらいのことを言ってほしいものだと思います。

ですが、おおかたの大人は子どもがちょっとでもとっぴなことを言おうものなら、まず否定するのです。

「そんなことできるはずがない」

「やめておきなさい」

決めつけられてしまうのです。

そうなると、子どもは悪いことが起こってもその事実を無条件に受け入れてしまうようになるのです。

「やっぱり、僕はだめなんだ」

「どうせ、こんなもんだよ」

そうやって、なにもかもあきらめてしまうのです。

こんなふうに、子どもらしい夢や希望を話すたびに、大人に否定されていたら、どんな子どもでもめげてしまうでしょう。そして、その子は大人になっても、「どうせだめだろう」とか、「私なんて」とかというようなマイナス思考の人になってしまうのです。

否定やあきらめのような不幸ぐせが身についてしまうと、良いことが起こってもそれを素直に受け入れられなくなってしまいます。

自分は心配性だとか、すぐになんでもあきらめてしまうとか、どうしても悪いほうに考えてしまう癖のある人は、マイナス思考を取り除いていくエクササイズをしていきましょう。

「困ったな」

「また、だめかもしれない」

などと思ったときに、すぐに気持ちを切り替える練習からはじめるといいでしょう。

「絶対に良くなる」

ます。

「私は何でもできる」

声に出して言ってみましょう。何度もやっているうちに、プラス思考が身についていきます。

ところで、鑑定を開始して一ヵ月が過ぎるころには、ほとんどの人がうまくイメージングできるようになりますが、なかには集中できない人もいます。

「全然できていませんね」

私は感じたままのことを言います。

「そんなことありません。私はちゃんとやってるし、できてるんです」

こんなふうに言い返せる人は、もうプラス思考が入っていますから心配ありません。少し修正すれば、きちんとできるようになります。

「そうなんです。どうしても集中できないんです」

できていないことを認めて、自分はこんなものだと思ってしまうような人は要注意です。少しでもマイナスの気持ちがあると、恋愛成就はむずかしくなります。そういう人は、気持ちを常にプラスに持っていくように努力しなくてはいけません。

プラス思考になるのは、むずかしいことではありません。

「何から何までパーフェクト」

「良いことだけしか起こらない」

「私は幸運の持ち主だ」

などと自分に言い聞かせることです。

何度も何度も声に出して言っているうちに、必ず自分は運の良い人間だと思えるようにな
っていきます。

そうなれば、**彼に愛されている**イメージングにも集中できるようになり、しっかりと実感
できるようになります。

「できないことなど何もないのです」

できないのは、できないと思い込んでいるからだということを忘れないでいてください。

第六章

宇宙から思いのままに引き寄せる

『開運成就一日法』

宇宙からお金を引き寄せる法

『藤岡リナの開運成就恋愛法』では、三回目の鑑定のときにお金を引き寄せる『開運成就一日法』を行います。

恋愛成就を望んでいるのに、なぜお金を引き寄せる法をするのかと疑問に思われる方もおいでになるかもしれません。これは、潜在意識を高めて思いのままに欲しいものを宇宙から引き寄せるための練習なのです。

開運成就には、金運、仕事運、健康運などを引き寄せるさまざまな法がありますが、なかでも恋愛成就は最も難易度の高い成就法です。なぜなら、恋愛では相手となる他人を動かさなければなりません。他人を思いどおりに動かすのは並大抵のことではなく、それだけ強力なパワーが必要になるわけです。

それに比べて、お金や仕事や健康というのは自分自身のことなので、宇宙と一直線につながりさえすれば、すんなり宇宙からのパワーを受け取ることができるので、比較的引き寄せるのは簡単なことだといえるのです。

具体的には、三回目の鑑定で全員に五万円を引き寄せる一日法を伝授します。「五万円入ってきてよかった」というイメージングをどう実感していくか、実感の仕方を詳しくお教えします。

私の指導どおりにイメージングして実感できた人は、全員が一ヵ月もしないうちにきっちり五万円を手に入れています。

「リナ先生、会社から思いがけなく報奨金が出たんですけど、なんと、それが五万円だったんです。ウッソーって思わず叫んじゃいました」

「五万円もらっちゃいました。久しぶりにおじいちゃんのところへ遊びに行ってご飯とかつくってあげたら、『お小遣いだよ』ってくれたんです。いつもそんなにお小遣いをもらったことがなくて、全然期待してなかったから信じられないって感じです」

「先輩の引っ越しを手伝ってあげたら、お礼だって五万円もらいました」

「懸賞に応募して、すっかり忘れていたんですけど、五万円当たったって通知がきました。うれしくて笑っちゃいました」

こんなふうに笑いながら、飛び上がるほど喜んで興奮気味に報告してくる方がたくさんいます。

「イメージングして実感しただけで五万円も入ってくるなんて、一日法ってほんとにすごいですね。思っただけで好きなだけお金を引き寄せられるんなら、私、もう結婚なんかしなくてもいいかな」

なかにはそんなことを言う人もいます。

思ってもみなかった五万円が実際に入ってくると、みんなうれしくなって思わず笑ってしまうようです。

そして、実感したことは実現するという『宇宙引き寄せの法則』が、実際にあるのだということを、身をもって体験することで信じられるようになり、これなら恋愛も成就できるという自信を持つようになるのです。

考えないで実感するだけでいい

五万円を引き寄せる『開運成就一日法』をやるときは、そのことに集中して実感するだけでいいので、あれこれ考えてはいけません。

「ほんとうに五万円入ってくるのかしら」

「そんなお金が入ってくる予定はまったくないな」

「五万円なんて入ってくるわけないよね」

「どう考えても無理だな」

などと、否定的なことをほんの少しでも考えたら、その時点ですべてが終わってしまいます。宇宙はマイナス思考をより強く反映するようにできていますから、無理だと思っていれば無理だということになり、五万円は絶対に入ってこないのです。

「五万円入ってきてよかった」と、ただ実感するだけで、まったく当てのないお金が入ってくるからこそ、『宇宙引き寄せの法則』を体験できるのです。

「どこから五万円入ってくるんだろう」

「いつ五万円入るんだろう」

「だれかが五万円くれるのかな」

みたいなことを考えて待っているうちは、これもまた残念ながら入ってきません。

『開運成就一日法』は「五万円入ってきてよかった」と実感するだけでなくてはいけないのです。その五万円を何に使おうかと考えたりして、もうすでに五万円入ってきたという気持ちになって楽しんでしまうぐらいに実感してみてください。

そして、そのことばかりに執着しないことが大切です。宇宙は執着する心を嫌います。執着するから、あれこれいらないことを考えたくなってしまうのです。昼間は、夜行った『開運成就一日法』のことを忘れて、ふつうに生活していればいいのです。

もともと楽天的な人は、そうなるんだと信じて思い込んでしまうことが得意なので、早い人は一週間とか二週間で五万円を手に入れています。こんなふうに、あれこれ考えないでフワッとやるのが成就のコツです。

くよくよ物事を考え過ぎてしまうような人には、その人の性格を見極めてさまざまな角度から成就できるように指導していきます。

私の指導どおりに『開運成就一日法』を実行すれば、必ず成就して五万円を引き寄せることができ、性格もしだいに楽天的に変わっていきます。

そうなると、自分に自信がついてきて、恋愛成就に向かって一気に加速していきます。

また、はじめはイメージングして実感するだけで恋愛成就できるのかな、ほんとうに大丈夫かななどと思っていたような人も『開運成就一日法』で、実際に五万円引き寄せることができると、すっかり成就法の虜になってしまいます。

こうなると、『藤岡リナの開運成就恋愛法』を途中でやめる人がいなくなり、私と鑑定を受ける方との距離も縮まって信頼関係ができるので、リラックスして鑑定を受けられるようになります。

『開運成就一日法』で五万円が手に入ったら、「ありがとうございます」と、宇宙に感謝の気持ちを伝えましょう。

まったく当てのなかった五万円が手に入ったのは、自分の力ではないのです。大きな宇宙のパワーが導いてくれたのだということを忘れてはいけません。

そして、いつでもどのようなことに対しても感謝の気持ちを持つことが大切です。私たちは一人で生きているわけではないのです。自然の恵みに生かされ、周りの人たちに助けられて生きているのですから。

藤岡リナならではの『開運成就一日法』

私は若いころから西洋占星術・東洋占星術・風水・家相・タロット・姓名判断などを学び、霊感・霊視・波動修正なども行える力を身につけました。

そして、さらに恋愛成就の方法を学び、占いサイトに勤めながら成就法を教えるようになりました。

ところが、私が習ったような従来の成就法では、成就までにとても時間がかかってしまうのです。何年か時間をかければ成就するとはいえ、果たしてそれでいいのだろうかと私は疑問を持つようになりました。

もっと早く、確実に成就できる方法はないものだろうか。私はさまざまな本を読んだり、講演会を聞きに行ったりしながら模索を続けました。

そしてついに、六ヵ月という短期間で恋愛成就できる『藤岡リナの開運成就恋愛法』を開発したのです。

その際、小さい願望はどのようにしたら叶うのかという研究を重ねました。その結果、誕生したのが、五万円を引き寄せる『開運成就一日法』だったのです。

ですが、成就法をはじめたその日から、五万円を引き寄せる『開運成就一日法』をやろうとしても、イメージングや実感の仕方がまったくわかっていない状態では、たとえやってみたところで成就は望めません。

そこで、三回目の鑑定のとき、つまりイメージングや実感の仕方に少し慣れたであろう鑑定開始から三週間後に、五万円を引き寄せる『開運成就一日法』を組み込むことにしたのです。

この時期に『引き寄せの法則』を知ることで、宇宙とのつながりを実感することができ、恋愛成就が可能なのだという確信につながっていきます。

鑑定を開始して三週間目ぐらいでは、まだ夜のイメージングを三十分やるのがむずかしいかもしれない時期です。そういうときに、たとえば「百万円入ってきてよかった」とか「一千万円入ってきてよかった」などとやってみてもそれは無理というものです。

宇宙とのつながりが弱く、それほどの大金を引き寄せる段階ではないということです。

だからといって、「一万円入ってきてよかった」とか「五千円入ってきてよかった」では、なんとなくどこかから入ってくるような金額なので、宇宙から引き寄せたということをあまり実感できないでしょう。

なので、五万円という金額なら、だれでもが引き寄せることのできる妥当な額だという結論に達したのです。

「リナ先生、この五万円って、鑑定代が戻ってきたみたいで、なんかとっても得した気分です」

「それでいいのよ」

この『開運成就一日法』で五万円入ってくるということは、鑑定代を取り戻すということにほかなりません。つまり、結果的に無料で鑑定を受けたということになるのです。

このように、お金を使いっぱなしで終わらせないのが藤岡リナの流儀です。そればかりか、ここから先は金運、健康運、仕事運も上がっていくので、恋愛成就する以前に身のまわりの状況がどんどん良くなっていくのです。

病気が治る『開運成就一日法』

『開運成就一日法』で五万円を引き寄せられるようになったら、次はそれぞれの方の悩みに応じた一日法を指導していきます。

「脳梗塞で彼が倒れたんです。先生、どうしたらいいでしょう。治るでしょうか？」

ある日、Cさんは心配そうに電話をしてこられました。

「倒れたのはいつ？　症状はどの程度なんですか？」

「昨日の夜、会社で残業中に具合が悪くなって倒れたらしいんです。彼の同僚が私のことを知っていて、すぐに知らせてくれたんです。私のことはわかったようなんで意識はあるんです。でも、左半身がちょっとしびれてるみたいで力も入らないらしいんです」

「わかりました。病気が治る『開運成就一日法』をお教えしますから、そのとおりに必ず彼が治るとイメージして実感してくださいね。それから、四日間連続で行ってください。私からも彼にパワーを送りますから安心していいですよ」

「ありがとうございます」

Cさんはその日から四日間、真剣に集中して彼の病気を治そうと『開運成就一日法』を行いました。

『開運成就一日法』は通常なら一日で問題が解決できるので、一日法と呼んでいるのですが、Cさんはまだ『藤岡リナの開運成就恋愛法』をはじめて二ヵ月目でしたので、脳梗塞のような病気を一日で治すほどのパワーはありませんでした。ですから、四日間続けてやってもらうことにして、私もパワーを送っていたのです。

しかし、『開運成就一日法』を連続してやってもいい上限は四日間です。それ以上はやらないでください。

一週間後、Cさんから報告がありました。

「リナ先生、彼が元気になってきました。左半身のしびれがだいぶ取れてきて手足に力が入るようになってきたんです」

そして一ヵ月後。

「リナ先生、彼がしっかり歩けるようになったんです。お医者さんも『もう大丈夫だから仕事ができるよ』って言ってくれました」

「よかったわね」

「リナ先生に『開運成就一日法』を教えていただいたからよくなったんです。ほんとうにありがとうございます」

Cさんの彼はそれからまもなく職場に復帰しました。

そしてその後、Cさんと彼は結婚して幸せな家庭をつくっています。お二人はいまも元気にしているとのことです。

Cさんの彼の場合は回復するまでに一ヵ月ほどかかりましたが、『開運成就一日法』をやって即効で病気が治ってしまったという人もたくさんいます。次にご紹介するBさんもそのなかの一人です。

「仕事中にからだがゾクゾクして寒気がしたので、熱を測ってみたら三十九度もありました。咳も出てきたので、これはまずいと思いあわてて病院へ行ったんです。そうしたら、インフルエンザだと言われました。このままでは子どもに感染してしまうかもしれません。そんなことになったら大変です。どうしよう。リナ先生、すぐに治る方法を教えてください」

Bさんはバツイチで小学三年生の息子さんと二人暮らしです。子どものためにも再婚したいと鑑定を受けに来られ、『藤岡リナの開運成就恋愛法』を実践してそろそろ四ヵ月になります。

明るく楽天的な性格のBさんは、イメージングや実感の仕方をマスターするのも早く次々にハードルをクリアしていました。そんなBさんですから、『開運成就一日法』をやれば早めに治るだろうと私は考えました。

「わかりました。インフルエンザが治る『開運成就一日法』をやりましょう。すぐに治りますから、私の指導どおりにやってくださいね」

そう言って、私はBさんに具体的な方法をお教えしました。

「はい、必ず治ると信じてやります」

翌朝、八時ぐらいに電話が鳴りました。

「リナ先生、こんなに朝早くからすみません」

「Bさんですね。どうしました?」

「それが、朝になったらうそみたいに熱が下がってるんです。不思議なことに咳もまったく出ません。治っちゃったみたいです」

Bさんの声は明るく弾んでいて、とても昨日病気だった人のようには思えません。

「それはよかったですね」

「ありがとうございます。インフルエンザが一日で治るなんて、こんなことってあるんですね。『開運成就一日法』ってほんとにすごいなって思いました。真っ先にリナ先生に報告したくてお電話したんです」

「たしかに、『開運成就一日法』は一日で問題が解決できるように考案したのですが、一日でインフルエンザが治ったというのは、あなたにすでに『開運成就』のパワーがついているということですよ。この分だと恋愛成就も近いでしょうね」

「うれしいです。これからもよろしくお願いします。私はこれから会社へ行きます」

「えっ、会社へ行くの？」

治ったといってもインフルエンザだったのですから、一日ぐらいは様子をみるために会社を休むのかと思っていたので、私はちょっとびっくりしました。

「はい、リナ先生。もうすぐ決算なんで仕事を休んでいられないんです。それに、先生のおかげでもうすっかり治りましたから」

Bさんはこんなふうにたった一日、いえ、夜八時に病気が治る『開運成就一日法』をやって寝て、翌朝の八時にはインフルエンザを治してしまったのです。つまり、一日も経たないわずか十二時間で治ってしまったというわけです。Bさんが驚いたのも無理はありません。

でも、これが本来の『開運成就一日法』なのです。

鑑定開始から五ヵ月目に、Bさんは子どものことを大切にしてくれる理想の彼と巡り逢い、いまは結婚して親子三人幸せに暮らしています。

仕事の悩みがたちまち解決する『開運成就一日法』

ハートティアラへ来られる方はみなさん恋愛成就を望んでいるわけですが、ほかにもいくつも問題を抱えている人がいます。

こういう不況の時代ですから、とくに仕事の悩みは深刻です。

「会社の業績が悪くなって、リストラされてしまいました。なんとかしなくちゃいけないんで仕事を探しているんですが、なかなかこれというところが見つかりません。このままじゃ、彼女と結婚できなくなってしまいます。先生、いい仕事が見つかる方法はないでしょうか?」

Fさんは鑑定のときに仕事の悩みを話しだしました。

一般的に男性は仕事がうまくいっていないと、生活の保障ができなくなってしまうので、プロポーズする勇気すら失ってしまうものです。

ですが、Fさんは『藤岡リナの開運成就恋愛法』を続けて三ヵ月も経っているのです。それなのに、なぜ私が伝えてきたことを理解してくれないのでしょう。これではいけないと私は思いました。

「Fさん、あなたはまだ『藤岡リナの開運成就恋愛法』の基本がよくわかっていないようですね。彼女と結婚できなくなるなんて思っていたら、絶対に恋愛成就できなくなりますよ」

「すみません。つい弱気になってしまって」

「もう一度、基本に戻ってください。リストラされたことはあなたにとってよかったのですよ。もっとあなたにふさわしい会社があるということなのですから」

「そうでした。目先のことばかり考えてしまいました」

「あなたにふさわしい会社は必ずあります。仕事運を上げる『開運成就一日法』をやれば、すぐに解決できますよ」

「はい。リストラされたことを喜ばなくてはいけなかったんですよね。いざとなると、僕はなんてだめなんだろう」

「Fさん、以前にもお話ししましたけど、良いことというのも悪いことというのも、もともとないのですよ。何かが起こったとき、それを良いことだと思うか悪いことだと思うか、それはあなたの心一つなのです」

「はい」

「『藤岡リナの開運成就恋愛法』は悪いことなど何もないというところからスタートしています。それをほんとうに理解しているのなら、仕事運がよくなる『開運成就一日法』をお教えします」

「はい、やらせてください」

私はFさんに念を押してから、仕事運を上げる『開運成就一日法』を伝授しました。

一週間後、Fさんから仕事が決まったというファックスが届きました。

「リナ先生、先日はありがとうございました。先生に教えてもらったとおりに仕事運を上げる『開運成就一日法』を行いました。すると、久しぶりに大学時代の先輩から電話があり、僕が失業中だと知ると、それなら自分の仕事を手伝ってくれないかと言うのです。先輩は手広く外食産業のチェーン店を展開している会社の二代目社長です。僕も外食産業には以前から興味があったので、さっそく先輩に会って詳しい話を聞きました。先輩は好条件で僕にふさわしいポストを用意してくれると言ってくれましたので、入社することに決めました。今日から、新会社での仕事がスタートします。こんなにトントン拍子に事が運んだのは、『開運成就一日法』のおかげだと思います。これで、彼女との結婚にも希望が持てるようになりました。これからもよろしくご指導をお願いいたします」

Fさんのように、仕事運を上げる『開運成就一日法』で転職に成功したとか社内の人間関係がよくなったとか、営業成績が上がったという例は数えきれないほどあります。

幸せの法則

ところでみなさん、幸せとは何でしょう。

好きな人と恋愛成就して結婚することでしょうか。

お金持ちになって好きなことをして暮らすことでしょうか。

仕事があって健康ならば、それだけでいいという人もいるかもしれません。

人のために役に立つことをしたいと思う人もいるでしょう。

もちろん、どれも幸せなことに違いありません。

でも、結婚して幸せになれると思ったら、夫が病気になって長期療養が必要になったとしたらどうでしょう。妻であるあなたは、夫の介護のために自分の仕事ができなくなって心身ともに疲れ、入院費がかさんで経済的にも苦しくなっていきます。

また、どんなにお金があって好き勝手なことができたとしても、友だちもなく家族もなく愛する人がいなければ、楽しい人生とはいえないでしょう。

仕事があって健康ならそれだけでいいといっても、これも愛する人がいなければ寂しいのではないでしょうか。

人のために役立つことをしたいと思うことはすばらしいことです。でも、健康で体力がなければ災害時のボランティア活動などはできません。困っている人のために寄付をしようと思ってもお金がなくてはできません。

ですから私は、『健康・仕事・お金・恋愛』をすべて手に入れなければ、真の幸せではないと思うのです。事実、幸せな人はこの四つをちゃんと持っています。

これは当たり前のことのようですが、なにもかも順調にうまくいく人生などありません。良いときもあれば、悪いと思えるときもあるのです。

『藤岡リナの開運成就恋愛法』では、恋愛成就するまでにイメージングや言霊エクササイズ、『開運成就一日法』など、あらゆることを駆使して健康・仕事・お金の問題を次々にクリアしていきますから、いざ結婚というときにはすべてがそろっているわけです。

彼の愛情に満たされて、健康で仕事も順調に運びお金にも恵まれる人生をぜひ、あなたも体験してください。

『開運成就一日法』ができると人生観が変わる

宇宙から五万円引き寄せることができるということを『開運成就一日法』で体験すると、これなら恋愛成就も夢ではないと思うようになります。

そして、次に健康状態や仕事運をよくする『開運成就一日法』をすると、病気が治ったり、仕事運が信じられないほどよくなったりするので、この成就法なら間違いなく恋愛成就できると確信するようになるのです。

「リナ先生、いままでの私って、なにがあっても彼と結婚するんだって必死だったんですけど、『開運成就一日法』で宇宙からお金を引き寄せられることがわかったり、好きな仕事ができるようになって、ほんとうに成就できるんだって思ったらあせらなくなっちゃいました」

Eさんは五万円を引き寄せたあと、いまの仕事が合わないから転職したいといって『開運成就一日法』をやり、かねてからの念願だった語学を活かせる仕事につくことができました。健康で好きな仕事ができて充実していてお金もできるようになると、恋愛に対する考え方も変わってきます。

それまでの彼女は、彼がすべてでほかのことがまったく見えなくなっていたのです。ところが、ほかのことが見えるようになってくると人生観が変わり、彼は自分が幸せになるためのパーツの一部なのだということに気づくようになったのです。

もちろん、人生においてこの彼というパーツは欠かすことのできない大きなものですが、ほかのパーツが順調にそろってくると、彼というパーツもじきに整うという安心感ができるのです。

このように、『開運成就一日法』を体験すると、それまでのようにがむしゃらに「私は彼と結婚するのよ」とか、「早く結婚したい」とかいう思いが薄れ、恋愛ものんびりやろうという気持ちになっていきます。

こうした「のんびりやろう」というような自然な気持ちでいることが宇宙とつながる秘訣なのです。

鑑定を開始してから四ヵ月目に、Eさんは仕事の関係でイギリス人の男性と出会い交際するようになりました。

「リナ先生、すてきな人に出会ったんです。彼は私が思い描いていた理想の人にぴったりなんです」

Eさんはそのことをすぐに私に報告してくれました。

当初、Eさんは好きでたまらなかったのに別れてしまった元彼との結婚を望んで、『藤岡リナの開運成就恋愛法』をはじめました。毎晩、元彼を理想の男性になるようにイメージしていましたが、まったく別の男性と巡り逢うことになったのです。

「彼と結婚することになりました」

Eさんが恋愛成就したのは、彼と出会って二ヵ月後のことでした。

『藤岡リナの開運成就恋愛法』では、Eさんのようにイメージングしている彼と結婚できないこともありますが、そのときは理想の彼に最も近い別の新しい彼と結婚できるのです。

必要なお金を引き寄せる

『開運成就一日法』で宇宙から五万円を引き寄せたら、今度は自分に必要なときに必要なだけのお金が入る『宇宙引き寄せの法』を覚えてください。

鑑定を受けているときに、時計を見ながら一時間過ぎたからいくら加算されるのかな、などと考えて、時間やお金を気にしているようでは鑑定に集中できないので効果が半減してしまいます。

鑑定を受けるときは、ペンとノートを用意して私の話をできるだけメモするようにしてください。きちんとメモを取っている人は飲みこみも早く、恋愛成就もスムーズにできる人が多いのです。

お金を引き寄せる法は、基本的には五万円引き寄せる方法と同じですが、一人ひとりのパワーのレベルに合わせて妥当な金額や引き寄せの方法を伝授します。

最初はみなさん一律に五万円ですが、パワーがついてくれれば五十万円でも百万円でも、それ以上の金額でも必要なだけのお金を引き寄せることが可能です。

ただし、まずは旅行に行くとかほしい物が買える程度の金額でやることです。必要以上の大きな金額でやってみてもイメージングできないでしょうし、実感するのはもっとむずかしくなります。それに、あまりにも物欲に走ると品性のいやしい人間になってしまいますから、欲張るのはやめましょう。

とはいえ、必要な金額は人によって違いますから、お話をうかがったうえでその方のレベルに合わせて引き寄せの金額を決めていきます。

五十万円ほしければ、五十万円入ってきているとイメージングして実感するだけです。どうやって五十万円を稼ごうかなどと考えると、逆にお金に見放されてしまいます。

稼ぐ方法を考えるより、五十万円はすでにあるものだと実感して、あれこれ使い道を考えているほうがよっぽどいいのです。

「ほしい、ほしい」と強引に念で引き寄せてはいけません。念の強い人はたとえば、社長になるぞという念だけで社長になってしまいます。でも、強引なことをするのはいいエネルギーではないので、社長になったけれど身内に悪いことが起こったり、自分が病気になってしまったりします。

恋愛も祈祷師などに頼んで、強引に不倫相手の奥さんから彼を奪ったりすれば、必ずあとで災難がふりかかります。人を不幸にすれば、倍返しで悪いことが起こるということを忘れないでください。

『藤岡リナの開運成就恋愛法』なら、たとえ不倫の彼でも成就が可能です。それは、彼の奥さんにいい相手が見つかって幸せになってよかったと、エールを送ることでだれ一人不幸になる人がいないからです。

『宇宙引き寄せの法』は、強引に念を使って引き寄せるものではありません。お金を引き寄せるときも同じです。

お金があれば、たいていのことは解決できるでしょう。いらいらすることがあっても、おいしい食事をしたり、ゴルフをしたり、旅行へ行ったり、好きなことをしてストレスを発散できます。

反対にお金がないと、仕事もうまくいかなくて、恋愛もだめということになるのです。生きていくうえで、お金はとても大切なものです。必要なときに必要なだけのお金がいつでも手に入る『宇宙引き寄せの法』をしっかりマスターしてほしいものです。

お金は使わないと貯まらない

ときどき、貯金が趣味だといって爪に火を灯すようにケチケチした生活をしている人がいます。何かの目的のためにお金を貯めているわけでもなく、いくら貯まったか貯金通帳を見ては満足しているようです。

これはあくまでも個人の趣味ですから、私がどうこう言うつもりはまったくありません。

ですが、もしもあなたが、お金持ちになりたいと思っているのなら、間違っても貯金を趣味にしてはいけません。

大きなお金を手に入れたければ、まずお金を使うことです。使わないとお金は動きません。お金は使うことで、さまざまな場所で活躍し、エネルギー交換されるのです。

このエネルギー交換を円滑にするためには、潜在意識に働きかけて、脳の回路をお金持ちにする必要があります。

「私は豊かで、裕福でよかった」

たとえば、このようにイメージして実感するだけでいいのです。あとは自然にまかせておくことです。

「今日はお客さんがたくさん来て売上げが増えてよかった」

お店をやっている人なら、ふつうはこのように考えることでしょう。でも、売上げが増えて喜んでいるということは、お金に執着しているということです。お金に執着していると、売上げの良し悪しで一喜一憂することになりますし、宇宙はなにより執着する心を嫌います。

あなたはもう『藤岡リナの開運成就恋愛法』と出会ったのですから、そんな小さなことに捕らわれている必要はありません。潜在意識が宇宙とつながり、すべての願いを叶えてくれるのですから。

「結婚できてニコニコ喜んでいる人が私の周りに溢れている」

私はたくさんの人たちに幸せになってほしいと願いながら、そういうイメージングをしています。そうしているだけで、鑑定してほしいという方が次々に現れます。これは、私がお金に執着していないからです。

私はお金が入ると、旅行にでかけたり、洋服を買ったり、美味しいものを食べに行ったり、趣味の習い事をしたりしてすぐに使ってしまいます。

でも、私には『開運成就一日法』があるので、いつでも必要なお金はどこからかきちんと調達できるようになっているのです。それも、使った金額以上のお金が入ってくるので生活は豊かになる一方です。

「ほんとうにそんなことができるのだろうか、信じられない」と思っている人もいると思いますが、どうぞ、ご自身で体験してみてください。

お金持ちになった自分が、どんな生活をしているのかイメージングして本気で実感してみることです。そして、イメージングがうまくできるようになったら、好きなことにどんどんお金を使うことです。そうすれば、いつもあなたはお金に恵まれる人になれるのです。

ただし、「そんなことして大丈夫かな」などと、ほんの少しでも考えたらその時点で終わってしまうということも覚えておいてください。

がむしゃらな気持ちは捨てる

『藤岡リナの開運成就恋愛法』をやっていても、なかなか成就しない人のなかには、「私はこれだけお金をかけてやっているのだから、成就できないはずはない」と信じて疑わない人がいます。

このような考えは、一見強気で良いことのように思えますが実はそうではないのです。

ここまで、これこれをしているのだからできないはずがないというのは、できないことを無理やり打ち消して、できないはずはないのだと思い込もうとしているのです。このような強引な思いは、決してプラスではなく強いマイナスになってしまいます。

ということは、そのような思いでいるうちは、いつまで経っても成就できないということです。

実感していることと、思い込もうとしていることは、似ているようですがまったく次元の違うことなのです。

実感したことは潜在意識が実態のあることだと認識するので、そうなるしかないのです。

しかし、何が何でもこうしなくてはいけないとか、強引に物事をひっぱろうという姿勢は宇宙に歓迎されないのです。

「俺は誰にもできないようなことをやってみせる」

「何があってもライバルには負けない」

「絶対に一番になってみせる」

などと、いつも強気なことを言って会社などで活躍している人がいます。周囲の人が見たら、その人はポジティブに見えるかもしれません。

でも実は、本人は必死でそう思い込もうとしているだけで、人前で虚勢を張ってがんばっているだけだということもあるのです。そういう人は、他人に弱みを見せないような生き方をしているだけに、寂しい部分が見えてきます。ただ、本人は自分のマイナスに気づいていないことが往々にしてあります。

がむしゃらに何が何でもこうするんだと思い込むような気持ちを捨てて、もっと単純に、ただイメージングしてそうなったあとのことを実感するだけでいいのだということをわかっていただきたいのです。

「俺は誰にもできないことをやりとげた」

「ライバルよりも先に出世した」

「トップの成績を収めることができた」

すべてそうなってしまったことだと実感するのです。

強引にやろうとすれば、知らず知らずのうちに自分も疲れてしまいます。そうではなく、自然にフワッと望みが叶ったとならなければ『藤岡リナの開運成就恋愛法』をやっていく意味がないのです。

鑑定のときに、思い込もうとする癖のある人には、そうした癖を取っていくようにわかりやすくていねいに指導していきます。

また、完全成就するまではどなたも一人前ではないので、私がパワーを送りつづけてサポートします。

むずかしいことなど何もありません。考えすぎないで、ただ実感することです。

思ったことが偶然起こる

『藤岡リナの開運成就恋愛法』を続けていると、こうなったらいいなと思っていたり、ふと思ったことなどが、偶然、頻繁に起こるようになります。

「この間、なんとなく小学校のころに好きだった男の子のことを、いまごろどうしてるのかな、なんて考えていたんです。そうしたら、突然その人から電話があって、小学校のクラス会をすることになったって言うんです。二十年ぶりぐらいだったんで、ほんとにびっくりしちゃいました」

「転職したいなって思っていたら、親戚の伯父さんが仕事を手伝ってくれないかって言ってきたんです。伯父さんはいくつも会社を経営してるんですけど、また新しく輸入雑貨のお店をオープンするから、そこの仕事をしてほしいって言うんです。私は昔から輸入雑貨が大好きでそういう仕事をしてみたかったので、すぐにＯＫしました」

「行きたかったコンサートのチケットが取れなくてがっかりしていたら、友だちから電話があって、行かれなくなったコンサートのチケットがあるから代わりに行かないかって言われました。なんと、そのチケットは私が行きたかったコンサートのだったんです」

こんなふうに、その人のことを考えていたら、偶然、本人から電話があったり、どこかでばったり出会ったりとか、仕事を探していたら、偶然、タイミング良く誘いを受けたりとか、お金が足りないなと思っていると資金がなんとなく、偶然、集まってきたりするのです。

このような現象は、「シンクロニシティ」と呼ばれ、「共時性、意味のある偶然の一致」と訳されています。これは、スイスの精神科医であり心理学者でもあったカール・グスタフ・ユングが研究し論文を発表したことにより、広く世界に知れ渡るようになりました。

ユングはこの世の中のものはすべてつながって連動していると考えていたのです。何かが動けば他の何かに影響を与えるということです。

ということは、私たちが思うことは人間同士の関係に限らず、自然界や広くは宇宙ともつながり連動しているということではないでしょうか。

旅行に行く前日まで大雨が降っていて、明日は晴れてほしいなと思っていたら、当日はうそのように晴れたとか、何かを思うことでその思いが自然に相手につながったり、タイミングよくほしかったものをプレゼントされたりとかするのです。

このような現象は、もちろんふだんでも起こることなのですが、『藤岡リナの開運成就恋愛法』を続けていると、より頻繁に起きるようになります。

つまり、プラス思考が強くなって精神のレベルが上がることで、マイナスなことが起こらなくなり、偶然、望んでいたことが向こうからやってくるのです。

思いがけず良いことがあったら、「ラッキー」って喜びながら、宇宙に「ありがとう」って言いましょう。そうすると、宇宙はこんなことで喜んでくれるのなら、もっと良いことを起こしてあげようとしてくれます。

どんなことが起こっても、「これが良いことになる」と信じて行動していけば、「シンクロニシティ」をたくさん体験できることでしょう。

プラス思考を保つには

「『藤岡リナの開運成就恋愛法』をやっていれば、悪いことは起こらないのですか？」

こういう質問を受けることがありますが、答えはノーです。

たとえ、『藤岡リナの開運成就恋愛法』をやっている途中でも、親御さんが亡くなることもあるかもしれないし、インフルエンザにかかって体調を崩してしまったり、大ケガをしたりすることもあるかもしれません。

でもそれは、『藤岡リナの開運成就恋愛法』をやっていようがいまいが、人には寿命があり、人生にはいろいろなことが起こって当然なのです。

問題は、そのときにどのように考えるかです。親が死んでうれしい人はいないでしょう。しかし、いつまでも悲しんでばかりいては親御さんだって浮かばれないというものです。気持ちを切り替えてしっかり自分の人生を生きていけばいいのです。

インフルエンザで高熱が出たら、からだがSOSを出しているということです。忙し過ぎたから少し休みなさいってことだなと思えばいいわけです。休んでいれば、ふだん考えなかったようなことを思いついたりするかもしれません。

仕事が暇なときには、困ったなではなく、リフレッシュする時間が取れたと思うことです。

悪いことを悪いことだと思うと、気分が滅入ってどんどん悪いほうに流れてしまいます。

日常的には次のようなことを心がけるとよいでしょう。

・人や物の好き嫌いをしない。
・どんな人にもやさしく、すべての人に親切にする。
・礼儀正しくする。
・いつも穏やかに人と接する。
・細かいことでイライラしない。
・不安やゆううつなことを考えたりしない。
・人のことをうらやんだり、ねたんだりしない。
・悪いことなど何もない。
・いつも心がウキウキするような楽しい気分で過ごす。
・つらいときでも笑顔を忘れない。
・身の回りをきれいに清潔にする。

掃除は生活の基本です。部屋が散らかっていては、気の流れが悪くなるので、イメージングしていても集中できなかったりします。いつも掃除をこまめにするようにして、きれいに片づいた状態でこそ恋愛成就の効果もアップするのです。

ふだんからこのようなことに気をつけて生活していると、心の中にプラスのエネルギーが蓄えられるので、恋愛以外のことでもラッキーなことが起こったり、タイミングの良いことが起こりやすくなり、精神レベルが上がって宇宙とつながりやすくなります。

ある日突然、恋愛成就のときが来る

大好きな彼と結婚して幸せな生活をしているイメージングがしっかり実感できるようになると、ある日突然、それまでと状況が一変して彼からのアプローチがはじまります。

たとえば、いままで彼から一度も電話がかかってきたことがなかったのにかかってきたとか、メールがきたとか、彼とばったり会うというようなことが起こります。

ところが、ばったり会ったら彼は別の女性と一緒にいたとか、わざわざ電話をかけてきて、「彼女ができた」「もう会うのはやめよう」「気持ちがさめた」などと、一見ショックなことが起こることもあります。

でも、これは非常に良いことの前兆で、彼のとても深いところでほんの少しあなたのことが気になりはじめているという証拠なのです。ただ、彼自身がまだそのことに気づいていないのです。

ですから、こんなときは落ち込んだりしないで、むしろチャンスと捉えていつもより集中してイメージングを行い実感することです。そうすることで、次の日は気持ちがガラリと変わってアップします。四、五回続けて、このようなことを経験すると、二度と落ち込まなくなります。

ここまでくると、恋愛成就のイメージングがどういうものなのかが自然とわかってくるでしょう。いやだなと思ったことに対しては、すばやく気持ちの切り替えをして翌日まで持ち越さないことです。気持ちが上がったり下がったりしているとなかなか成就にたどり着きません。

たとえば、階段の最上階にあなたの目的の恋愛成就があるとして、階段を上がったり下りたりしていたのでは、いつまで経っても最上階には到着できません。階段を上がりはじめたらどんなに途中で疲れたとしても、上がりきらなければ最上階には着かないのです。

つまり、わき見もしないで一気に階段を上がれる人は、恋愛成就も早いということです。毎晩、一時間のイメージングに集中して実感することを、百日間続けてやることで、ほぼ階段の最上階にたどり着いたのと同じ状態になります。ただし、これはあくまでも目安ですので、個人差があります。

いやなことがあったら、「ショックはチャンス」と切り返し、落ち込んだ気持ちを奮い立たせて、いつも以上に集中して恋愛成就のイメージングをすることです。そうすれば、いつも一段ずつ上がっていた階段を五段上がったぐらいの効果があらわれます。

毎日のイメージングを積み重ねていくうちに、知らない間にほんとうに階段を上がりきってしまっていることがあります。でもまだ、目に見えて効果は出ていないかもしれません。ですが、見えないところで効果は確実に出てきているのです。

ほんとうにある日突然、彼はそれまでの彼とはまったく違う、あなたが理想として描いたとおりの彼に変貌してあなたの前に現れるのです。

でも、よけいなことを考えたりしてはいけません。

「もうすぐ彼と成就できるんだ。あとどれくらいだろう」

などと成就の時期を予測したり意識したりすると、恋愛成就の瞬間をなかなかつかむことができません。いつもどおりに、イメージングをしてすべて自然にまかせることです。

『藤岡リナの開運成就恋愛法』で成就すると

イメージングの中で理想の彼を描きつづけてきたあなたは、ある日突然、ついに成就のときを迎えます。

『藤岡リナの開運成就恋愛法』で成就した、あなたと彼の関係は想像をはるかに超えたすばらしいものになります。

あなたのことが好きで好きでたまらない彼は、自分自身のことよりもあなたのことが大切になります。彼はあなたからひとときも離れたくないと思うようになります。もちろん、浮気など絶対にしません。

あなたのために一生懸命仕事をするようになり、あなたのために何かをしたくてたまらなくなります。海外旅行に連れて行ってあげたい、すてきなドレスを買ってあげたい、アクセサリーをプレゼントしたい、あなたが思っていることを先回りして彼は叶えてくれるでしょう。

どんなことでも喜んでしてくれます。彼はあなたの喜ぶ顔を見るのがなにより幸せなのです。「愛してるよ」なんて言ったことがなかったような彼が、毎日「愛してるよ」と言うようになります。

ときには、うっとうしくなるほど、彼はあなたに夢中です。そんな状態が結婚してからもずっとつづくのです。

けれども、あなたがもし、彼のことを嫌いになったら、また新しい人と恋愛成就することも可能です。そのときは、まずいまの彼に新しい彼女ができて幸せになっているイメージングをして、次に自分の理想の彼のイメージングをすればいいのです。

このようにして五回ぐらい結婚相手を替えている人もいます。

「それっていいことなの」って思われるかもしれませんが、いやになった相手といつまでも一緒にいるよりは、相手の幸せを願い自分も幸せになったほうがいいのです。

誰かが不幸になることは絶対に避けなくてはいけません。みんなが幸せになれるのが『藤岡リナの開運成就恋愛法』なのです。

人は誰でも思いのままに、生きることができるのです。

結果は信念とやる気しだい

『藤岡リナの開運成就恋愛法』では、完全に恋愛成就するために、本人の力だけでは足りないパワーを私が送っています。

しかし、いくら私が懸命にパワーを送っても受け取る側の本人が、「ほんとうにこのままで、成就できるのかしら」などというあやふやな気持ちでいれば、恋愛成就は叶わないでしょう。

そのようなことにならないように、鑑定のときにきちんとその人のいまの状況を判断して、できる限り的確な指導をしていきます。

私は常に一人ひとりの方が必ず幸せになれるように鑑定しています。しかし、私はあくまでもサポートして後押しするだけです。

ですから、最終的には自分自身の信念とやる気にすべてがかかってくるということです。「藤岡リナ先生が恋愛成就させてくれる」のではなく、自分自身で「**私は恋愛成就して必ず幸せになる**」と信じて幸せをつかむ努力を怠らないことです。

自分自身の信念とやる気以上に、恋愛成就に効果のあるものはこの世に存在しないと思ってください。

あなたのイメージングを実感するパワーは、日に日に宇宙と密接につながり、信じられないようなエネルギーを受け取り、恋愛成就を加速させます。そして、人生のすべてがタイミングよく運ぶようになり、何をやってもうまくいくようになります。

ハートティアラに出会ったあなたは、間違いなく恋愛成就します。素直な気持ちで信念を持って、やる気になれば、叶わないことなど何もないのです。

第七章

占いは幸せになってから

ハッピーな人ほど占いを

ハートティアラでは一人ひとりのご都合に合わせ、事務所での鑑定か電話だけの鑑定かを選んでいただけます。電話のみの鑑定を希望される方もたくさんいますが、私の指導をきちんと実行された方はみなさん恋愛成就されています。

その場合、成就するまでは電話で鑑定をしていきますが、恋愛が成就して結婚が決まった時点で最後に一度、できるだけ事務所に来ていただくようにしています。

そのときに生年月日をうかがって、これからの人生において幸せが続くように占います。せっかくここまで宇宙とつながり、愛情に包まれて幸せになったのですから、この幸せをつまらないことで壊してはなりません。将来を見据えて、良い方向を選択していくために占いをするのです。

つらい恋愛で悩んでいるようなときは、心が殺伐としていて何かにすがりたくなるものですが、そんなときに占いに頼って、たとえば良いことを言われたとしても何一つ根本的な解決にはなりません。

何度も言うようですが、そのような状況のときは、占いなんかやっている場合ではないのです。そんなお金があるのなら、自分を磨くために使うことです。占いに振り回されているような姿はあわれで、見ているほうも悲しくなってしまいます。

『藤岡リナの開運成就恋愛法』を学ばれ、成就された方はしっかりプラス思考が身につき、明るく楽しく結婚まで邁進していきます。

占いでは九星気学や風水を用いて、まず結納や結婚式、入籍の日取りなどを決めます。次に引っ越しの予定があるときは、引っ越し先の方角が良いかどうか、いつ引っ越すとよいかを占います。もし、何も知らずに五黄殺《ごおうさつ》の方位へ引っ越したりすると、病気や盗難、不幸、貧困などという災いが生じるといわれていますから、引っ越しだけはくれぐれも慎重にしたいものです。

新婚旅行先もきちんと方位と日にちを占ってから行くことをお勧めします。たとえば、暗《あん》剣殺《けんさつ》の方位へ行ってしまったりすると、離婚をすることになるかもしれません。

もし、新婚旅行の日程を決めてしまっていて、どうしても悪い方位へ行くことになっても自宅から近い場所なら三日以内ならそんなに心配することはありません。しかし、それ以上になったら注意が必要です。そんなときは、お土産を買ってこないとか、温泉につからないとか土地の悪い気をはらうアクションもあるのでお教えします。

逆に良い方位へ行ったときは、おいしいものを食べたり、神社に参拝したり、温泉に入ったりして、いい気をたくさんもらうことです。

占いはタイミングの良い人生を過ごせるように行いますので、三ヵ月に一回とか一年に一回とか、赤ちゃんが生まれたりとか、そのときどきで、それぞれの方の希望に応じて行っています。

ハートティアラのサポートシステム

『藤岡リナの開運成就恋愛法』で、イメージングを実感して結婚し、愛情に満たされて幸せになった人は、次はお金持ちになりたいと願うようになります。

そういう方のために、ハートティアラでは『ハートティアラエクセレントコース』を設けています。

十日に一回の鑑定で、五百万円程度を引き寄せるシルバーコース（四ヵ月間）で、どうやってそれだけのお金を引き寄せるかを覚えます。

さらに、一千万円程度を引き寄せるゴールドコース（五ヵ月間）、プラチナコースになると三千万円、五千万円というお金の引き寄せ方を指導していきます。一気にその金額を引き寄せるには、潜在意識のイメージングだけではむずかしくなりますので、たとえば、風水とか開運のアクションが必要になってきます。

占いとの融合によって、お金持ちになるしかない方法を指導していきます。

経営者なら会社の金庫の位置、社屋の間取り、印鑑、経理の人の生年月日まで、占いによる鑑定を行い、的確なアドバイスをしていきます。

貯金がゼロの人がいきなり一千万円ほしいと思っても実感することはできません。ですが、五百万円引き寄せた人なら、一千万円はむずかしいことではないのです。

エクセレントコースは多くの方のご要望により設けたコースです。すでに何人かが卒業していますが、結果が出るのが早いのも特徴といえるでしょう。

恋愛が成就したら、お金持ちになってもっともっと人生を楽しんでください。そのために、藤岡リナは喜んでみなさんのサポートをさせていただきます。

おわりに

「自分に正直に、自由に生きて行きたい」

誰もがそう願っているのではないでしょうか。

ところが、実際はさまざまな事情に捕らわれて、「私はこんな人間だから、やっぱり自由に生きるなんてとても無理」などと、決めつけてあきらめているのです。

でも、そんなんじゃ人生つまらないじゃないですか。

もっと楽しく、何も制限をつけないで思いどおりに、なりたい自分になって、やりたいことをやるのです。そのために、他人を苦しめるとか誰かに迷惑をかけるとか、そういうことではありません。ただの身勝手ではなく、自分自身の殻を破って、人として本来あるべき姿を取り戻そうということです。

『藤岡リナの開運成就恋愛法』では、イメージングを実感することで潜在意識に働きかけ、宇宙とつながることで望みが叶います。恋愛が成就するだけでなく、健康も仕事もお金もすべてのことがトータルでうまくいくようになります。思いどおりの生き方ができるようになるのです。

むずかしいことなど何もありません。あれこれ考えないで、素直な気持ちでなりたい自分になりきって実感するだけです。

私たちは広い宇宙の中の地球という小さな星に生きるちっぽけな存在ですが、宇宙には計り知れないパワーが溢れているのです。『藤岡リナの開運成就恋愛法』を実践することで、宇宙とつながり、そのパワーを吸収して望みのものを引き寄せることができるのです。

この本を手にされたあなたはいま、幸せの扉を開けて、ほんの少し中の様子を垣間見たのです。まぶしいほどの明るい光が見えたことでしょう。

さあ、もっと奥へ進んでください。そこには、あなたが「なりたい自分」がいて、「やりたいこと」が思う存分できる未来が用意されています。

どうぞ、自分を信じて、あなたも幸せをつかんでください。そのために、藤岡リナはできる限りのお手伝いをいたします。

一人でも多くの方が、ハッピーな人生を送られることを心より願いつつペンを置きます。

ありがとうございました。

著者プロフィール

藤岡 リナ（ふじおか りな）

十代の頃から占いに興味を持ち、西洋占星術・東洋占星術・四柱推命・九星気学・風水・タロット・姓名判断・前世療法などあらゆるものを学び、占い師として鑑定を始め人気を集めるが、それだけではあきたらなくなり、恋愛成就法を取り入れた藤岡リナ独自の『開運成就恋愛法』を開発。この『開運成就恋愛法』を伝授し続け、これまでに延べ3000人が完全成就している。現在も開運アドバイザーとして活躍中。

開運成就恋愛法

2010年1月15日　初版第1刷発行
2016年2月5日　初版第3刷発行

著　者　藤岡 リナ
発行者　瓜谷 綱延
発行所　株式会社文芸社
〒160-0022　東京都新宿区新宿1-10-1
電話　03-5369-3060（編集）
03-5369-2299（販売）

印刷所　株式会社エーヴィスシステムズ

ISBN978-4-286-07444-3